ユダヤ人

東北大学名誉教授
田中英道
Hidemichi
Tanaka

埴輪があった！

日本史を変える
30の新発見

育鵬社

まえがき

「ユダヤ人埴輪《はにわ》」の「発見」（それと認定したこと）を発表したところ、大変な反響があり嬉《うれ》しく思いました。私はここ五十年、人文学者として、コツコツと発見や新説を積み重ねてきましたが、これほど一般の方々に反応があったことはなかったからです。この説は、本だけでなく、インターネットのYouTubeによって、日本国史学会での講義や「林原チャンネル」の放映後、拡散されて、数多くの人々が関心をもってくれたことを知りました。イスラエル・テルアビヴの「日本学」の学会でも発表して、近現代史しか興味のない人々にも驚かれました。

新発見、新説などということでは、私は専門分野で数多く発表してきています。大学時代の専門の西洋美術史学でも、国際的な新説は、レオナルド・ダ・ヴィンチ、ミケランジェロ、ラ・トゥール、フェルメール、ジョット、セザンヌなどで、主に欧米で発表していますが、多くの学者に評価されています。最近でもローマ大学でレオナルドの発表を行ってきました。そしてこの本にも内外で発表した多くの日本美術史に関する新説を入れています。

大学で教えていた時代は、こうした新説を、ひたすら大学の紀要や学会の小雑誌に書いていました。ちょうど五十年前に、ストラスブール大学で、ドクター論文がTrès honorable（大変誇ることができる）の成績を得てから、国立西洋美術館、東北大学に奉職し、文学部の歴史以来、最も論文数が多かったと引退のときの学部長にいわれました。数の多さよりも、発見、新説のことをいってほしかった、と思っています。

大学を退職してからは、日本の歴史の研究に切り替えて、同じように、毎年論文を発表しています。それが、若い頃、芸術青年であった私の自己表現でもあったからです。ただ、日本の学会がカルチュラル・スタディーズやジェンダーフリーなど了見の狭い研究が多くなったので、日本の学会を避け、多くは西洋の学会で発表するようになっていました。ともあれ、嫉妬《しっと》の塊のような専門学会を気にせず、論文を書いてきました。喜寿の歳を迎えた現在、それを可能にしてくれた多くの友人と師の恩、妻の恩に感謝しています。

この本は、日本の歴史に関わる、私のさまざまな発見や考察を三十ほど選んで、ごく簡潔に述べたものです。タイトルにした、ユダヤ人埴輪の問題もその一つで、最も長く書きました。

全体は三部に分かれ、第一部はユダヤ人埴輪の問題を含む、最近十年間取り組んでいる縄文、弥生《やよい》の時代です（私は「日高見国《ひだかみこく》」時代と呼んでいます。私は歴史の進歩史観をとりませんから「古代」という言葉はあまり使いません。人間の精神も肉体も同じである以上、人間は「古代」から「近代」へと進歩するものではないからです）。

第二部はあまり政治史には触れていません。日本の政治は、天皇を中心とする摂関政治で、朝廷時代、武家時代とほとんど変わっておらず、摂関の人事の変化だけだからです。中心まで変わった他の国の歴史と比べ、奈良時代から江戸時代まで、平和の時代といっていいと思います。そこに咲いた文化を論じるほうが大事なのです。

第三部は、明治以降、今日までのいろいろな歴史的事実の「発見」を述べています。網羅的ではなく、私の「発見」を中心に述べたもので、もし全体の歴史記述をお望みの方は、拙著『日本国史』（育鵬社）を読んでいただければ幸いです。

第一部　縄文文明の重要さ・日高見国の存在の発見

1から13までは、縄文時代から飛鳥時代以前のさまざまな対象を考察した結果をまとめたものです。この分野は、日本では『古事記』や『日本書紀』を重要な歴史資料と認めないため、考古学しか学問として存在しなかったのです。しかし、『記紀』や『風土記』は、この時代をうかがう立派な史料です。私はこの文献資料を活用しながら、考古学を考察する、そのような立場を取ったのです。日本の「神話は歴史に連続している」（世界的人類学者のレヴィ・ストロースの言葉）を実践しようとしました。

三内丸山《さんないまるやま》遺跡（青森市）のように、立派な縄文土器、土偶はなぜ、関東、東北に集中しているのでしょう。なぜ人物埴輪は、関東、東北にだけ発掘されるのでしょう。土器、土偶の意味も、その形の分析なしには理解できません。私は美術史学のフォルモロジー（形象学）を提唱し、その立場からこの時代を考察しました。縄文土器、縄文土偶、銅剣、銅鐸《たく》、古墳、埴輪など、すべて形象の分析から発して、歴史の見方を大幅に変えることができたのです。

ある高名な考古学者から、「脱帽する」という私信を受け取りました。遺品に意味を与えず、文献しか史料として認めないこれまでの偏った「古代史」を変革しようとしたことが評価されたのです。考古学に歴史を連結させる試みに、「古代史」の学者は手を染めなかったし、また神話研究者は、考古学と乖離《かいり》し、それを結び付けなかったため、この分野はまったく遅れた学問分野になっていたのです。しかし、「高天原《たかまがはら》」は現実の地域「日高見国」(『記紀』『風土記』の記述)だったのです。

第二部　日本は天皇を中心にした最高の文化国家だった

14から24までは、ほとんど日本の文化史の価値の発見を語ったものです。日本文化といえば、和歌を中心とした文学、すなわち『万葉集』から『古今和歌集』、そして『源氏物語』『平家物語』、それから芭蕉《ばしょう》、西鶴、近松といったしっかりとした系譜があり、これらはすでに語られてきました。最近では、亡くなられたドナルド・キーン氏の『日本文学史』がそれらを体系的に論じており、右に出るものはないでしょう。キーン氏は日本に帰化をされた文学者でしたが、その日本の文学に対する愛は、日本人以上だったと思われます。愛情がなければ文化は論じられません。無論、歴史についても同じことがいえます。

第二部であつかう、飛鳥《あすか》時代から江戸時代では、元寇《げんこう》や西洋使節を除くと、政治や戦争を論じていません。私にいわせれば、西洋や中国に比べ、日本の中心、天皇家の見事な継続性が、たとえ戦国時代であっても一貫して保たれ、揺るがなかったことだけでも特筆すべきことです。その他の政治闘争はいくら論じても二次的な問題です。また経済についても、農耕、漁労《ぎょろう》、採集の安定した構造は変わりませんでした。自然史の変化で不作、飢饉《ききん》、災害などは起こりましたが、西洋や中国にあるような人口が半減する、などということは起こりませんでした。その間、営々として神社・仏閣・庭園がつくられました。城でさえ文化の結晶としてつくられたことをこの本では論じています。

「日本文化の価値あるものは、文学よりも美術だ」と述べたのは夏目漱石《そうせき》でした。文豪がそう語ったから、というのではありません。岡倉天心と並んで、最も西洋通であった知性がそう述べているのです。第二部で美術を中心に歴史を論じたのは、決して独断ではないのです。

第三部　明治以降、日本が「近代」欧米にいかに対峙したか

25から30までは、明治以後をあつかっています。日本は明治以降、武家政治を天皇陛下に「大政奉還」することによって、欧米列強に対峙《たいじ》した点を評価しなければなりません。「近代」欧米に対し、「非近代」によって立ち向かっていったのです。これほど興味深い態度はありません。日本が欧米に倣《なら》ったのは、軍事技術の「近代化」であって、精神のあり方ではありませんでした。このことが25に書かれています。

そして西欧の「近代」とは、ユダヤ財閥の狡猾《こうかつ》さによる支配にすぎなかったのではないか、ということが26に書かれています。これが私の「発見」です。

27では、日本の「近代文学」の担《にな》い手の多くが自殺していったことに注目しています。本来、「非近代」（前近代ではありません）であった日本に、欧米の「近代」でなければならない、と考えた知識人の誤解があったのではないか、という点です。

「近現代」は、アメリカの隠れ社会主義者によって導かれています。狡猾なその戦略に乗せられたのが、あの大東亜戦争であり、日本が決して「無条件降伏」ではないのに、そう思わせられたのが、実態だったのです。その「発見」が28に書かれています。

日本の戦後社会の左右の対立は、つくられたものでした。戦後の諜報組織CＩＡの前身のＯＳＳ（戦略諜報局）が一九四二年に立てた「日本計画」こそが、ＧＨＱの日本支配計画の原点だったのです。そこには日本人を分裂させ、混乱に陥れて、社会主義国にしようとする計画があったのです。それらを「発見」したことが29に書かれています。

30には、戦後といわれる時代が、メディアが勝手につくった「民主主義」と称する左翼主導の文化時代であったことが述べられています。「民主主義」とは多数者が支持する政権によって安定した社会をつくるという意味でしたが、それが不可能だと感じると、文化を使って、社会主義国にしようとしているのが隠れマルクス主義者たちです。ソ連の失敗を知って、ただ混乱に導こうとしたのが、左翼ユダヤのフランクフルト学派でした。それが日本でも報道メディアによってつくられ今日に至っています。しかし、そうした思想を断たないと、混乱がいたずらに続くだけです。

戦後の「日本史」は、はっきりいいますと、マルクス主義のイデオロギーで書かれていました。社会は権力者と民衆とに分かれ、権力者が必ず民衆を抑圧する、という図式で書かれていたのです。または、人間はみな欲望（希望ではありません）をもち、必ず争いを起こす。それを書くのが歴史である、と。階級闘争の視点でとらえることが大事だ、という手法です。それが自然だと思い、人間の欲望と欲望の対立が歴史だ、と考えたのです。

しかしそれはイデオロギーの眼鏡で見た歴史です。ここに「発見」された事実を参照すると、決してそんな見方では、理解できない歴史が見えてきます。

歴史というものは、一つ一つの事実を発見し、そこから組み立てる以外ありません。そうすると、争いよりも、「和」のほうに主眼をおいた歴史があるのです。

以上のような私の形象、文書、情勢分析による事実の「発見」によって、イデオロギーによる歴史認識を変えようとしたのがこの本です。個々のテーマについて、もっと詳しく知りたいとお思いの方は、各項目の末尾に付した拙著・参考文献を参照ください。最後に育鵬社編集長の大越昌宏氏、編集協力の高関進氏に厚く感謝いたします。

令和元年十一月　　　　田中　英道

目次　ユダヤ人埴輪があった！——日本史を変える30の新発見

第二部 日本は天皇を中心にした最高の文化国家だった

カバー写真提供――芝山はにわ博物館
編集協力――高関　進
装幀――村橋　雅之

第一部　縄文文明の重要さ・日高見国の存在の発見

1　縄文文明は「世界四大文明」とは異次元レベルで秀でていた！

◉「四大文明」は滅び去った「古代文明」にすぎない

いわゆる「世界四大文明」と称されるものは、メソポタミア、インダス、エジプト、そして黄河《こうが》文明で、日本の文明は入っていません。そのため日本人には、「これら古代文明に比べると日本の文明は劣っている、立派な文明ではない」と考える人が多いようです。

しかしこの「四大文明」は、梁啓超《りょうけいちょう》（一八七三〜一九二九）という中国人が唱えたもので学術的根拠はありません。ジャーナリストであり政治家であった梁啓超が、「二十世紀太平洋歌」（一九〇〇年）という詩で触れたものにすぎません。日本で定説になっている

「世界四大文明」には、学問的な根拠はないのです。

日清戦争（一八九四～一八九五年）で敗れた後、梁啓超は日本に亡命、中国の近代化をめざし、日本に学び、言論活動を展開しました。そうした中で、彼は中国を奮い立たせるために「四大文明」をこしらえ、そこに「黄河文明」を入れたのです。

日本で近代化を学ぼうとした中国人が、日本語で世界史を読み、日本に伍《ご》して、あるいは日本以上に大国になることを切望し、特に「四大文明」に入れたのです。それは「中国・インド・エジプト・西アジア」とアジア偏重です。特に黄河文明を入れて「中国文明は偉大だ」といいたかったのでしょう。

「世界四大文明」を唱えた中国人ジャーナリスト梁啓超

ところが梁啓超は、日本で近代化を学んだにもかかわらず、のちに日本を批判しはじめました。こうした人物の「意見」を日本で「定説」のように取り上げたこと自体がおかしいのです。しかし、日本人がまだ日本の重要性を認識していないときにそういわれたものですから、日本は「四大文明」である中国の文明的従属国であるというような認識を多くの日本人がもってしまったのです。

「世界四大文明」のどこが間違っているかというと、古代文明を世界史の連続性の中で見ていない点です。梁啓超のいう四大文明は、すべて滅んでしまいました。持続性のない文明は「文明」とは呼べません。エジプト文明も、チグリス・ユーフラテスのメソポタミア文明も、インドのインダス文明も、中国の黄河文明も、すべて「古代」文明にすぎません。あるいは、「古代」の中の一文明にすぎず、それ以後はほとんど発展しませんでした。それがこの「四大文明」の欠陥です。

エジプトやメソポタミアの砂漠の文化、あるいは荒野の文化は、日本のような自然の恵みが得られないため、人間を自然から孤立した存在ととらえ、その生活空間としての都市を城郭《じょうかく》で囲み、そこに水を引き込む施設をつくりました。そして、文字を使って一つの契約社会をつくることに特化しました。元来、人間は太陽の下の自然の中に生きているのですから、自然とともに生きる生活が理想です。その理想に反し、自然を無視した文化だけに特化してしまったことが、これらの「文明」の欠点なのです。

一方、ヨーロッパには長い間洞窟《どうくつ》文化しか残っていませんでした。しかしそれは寒冷期のヨーロッパの氷河時代にも文化があった証拠です。たとえば、ラスコー（フランス）やアルタミラ（スペイン）、ショーヴェ（フランス）の洞窟壁画を見ると、自然と戦う文化がヨーロッパにはあったことがわかります。自然と共存する文化を選択しなかったのです。

日本のように、豊かな自然とともに強い文明、大きな文明をつくってきたことよりも、自然と対立する四大文明がよしとされてきたのです。

青森の大平山元《おおだいらやまもと》Ⅰ遺跡から発掘された一万六千五百年前の土器で、新しい指標ができました。これによって旧石器時代、新石器時代の石器が見つかっているというだけではなく、独自の文明が「縄文」文明という形で日本にあったことがわかるのです。それが紀元前一〇〇〇年頃に弥生時代がはじまるまで、一貫して一万年以上続いていたのです。

縄文時代は、三内丸山《さんないまるやま》遺跡に見出されるように自然と調和した文化でした。自然と対立せず、自然をうまく利用しながら生きる生活を選んだのです。

三内丸山の広大な遺跡は約四〇ヘクタールの範囲に広がっています。祭祀《さいし》用の集会場として使われたと考えられる大型集会場が建設され、「太陽信仰」を表すと考えられる、直径一メートルにおよぶ太い六本の柱で高い塔が建てられていました。そのほか、大型竪穴《たてあな》住居が十棟以上あり、広場があって、約七百八十軒にもおよぶ住居跡は、機能的に配置されていました。人口も住居跡数から推測すると三千人はいたでしょう。高床式倉庫があり、道路が計画的に建設されています。建築も、「縄文尺」でつくられており、共通規格があったことが知られています。墓地はその中につくられ、祖先の霊と共に生きる「御霊《みたま》信仰」を示し、遺跡には板状の土偶が、病気で死んだ人々の御霊を祀っていたと考えられます。

クリを常食としており、ＤＮＡ鑑定をしたところ、栽培されていたこともわかりました。クリ、クルミなどの堅果類、さらにマメ、ゴボウ、エゴマ、ヒョウタンなどが栽培されていたことがわかっています。漆器を使い、魚介類を食べ、大型のシカ、イノシシよりも、野ウサギ、ムササビなどの肉類を食していました。また黒曜石、琥珀《こはく》、漆器、翡翠《ひすい》などが出土しており、各地との交易もあったことがわかります。

ほかの文明では、少なくとも九千年、あるいは八千年以前はすべて石器時代と呼ばれています。ところが日本は、すでに一万六千五百年、あるいはもっと前に縄文文明という特殊な指標をもっているのです。

日本は島国であったために、ほかの国のように外敵の侵入を防御するための国境や、万《ばん》里《り》の長城《ちょうじょう》のような長い城壁をつくる必要のない国家が自然に形成されていきました。この自然の有利さを日本は利用し、同質的な人々が四つの大きな島の中に住んだのです。それが縄文文明でした。

日本には好条件が整っていたのです。アフリカが最初の人類の発祥の地だといわれるように、日本という国はまさに〝太陽が昇る国〟「ライジング・サン・カントリー（rising sun country）」、フランス語で「ル・ソレイユ・ルヴァン（le soleil levant）」、イタリア語で「イル・ソーレ・レヴァンテ（il sole levante）」でもあることを忘れてはなりません。「日《ひ》の本《もと》」という言葉はまさにそれを表しています。特に日高見国《ひだかみこく》という国の存在については、『古事記』『日本書紀』『風土記』にも一様に記されています。北海道の日高、東北の北上川が日高見川といわれたこと、また関東にも日高地方と呼ばれる地方があり、岐阜県の飛驒《ひだ》地方、さらには各地にも日高見国を連想させる土地があることでわかるように、高天原《たかまがはら》神話における日本のもとがあったのです。

これらをよく精査すると、まさに鹿島《かしま》神宮（茨城県）、香取《かとり》神宮（千葉県）のそばに高天原という土地が三つも残っています。あの辺りを中心とした、日が高く昇る国を見るような、日本の地勢的な位置が、非常に重要になってくるわけです。

世界の人々はそこを目指してやって来たのです。あらゆる国の基本的な信仰のはじまりは太陽信仰です。そこには太陽が昇る国に行こうとする、精神的な衝動、希求があるわけで、それがまさに日本という国に集中していたといえるのです。

日本は太陽信仰の原点の国でした。「日出ずる国」と七世紀の随書に書かれています。日本の精神的な基盤、信仰、宗教などは太陽信仰からはじまっているのです。

太陽信仰によって祭壇がつくられ、自然信仰、御霊信仰、そして皇祖霊《こうそれい》信仰をもつ日本の神道がすでに縄文文明とともに現れてきたということがわかるのです。

参考文献：拙著『日本国史――世界最古の国の新しい物語《ヒストリー》』（育鵬社）、『高天原は関東にあった――日本神話と考古学を再考する』（勉誠出版）

2 縄文時代の火焔土器は、実は水紋土器だった！

◉土器の文様は水に対する自然崇拝を表している

縄文土器研究で最も重要な地域は、関東、東北、甲信越地方です。縄文早期から晩期まで、あらゆる時期の土器がつくられているのは関東と東北だけですから、そこには、一貫した文化を維持する共同体があったと理解できます。

日本で最も古い土器・撚糸文《よりいともん》土器は南関東に多く、東京湾をふちどるように分布しています。つまり太平洋に面している海岸地帯に、この最初の縄文土器が存在しているのです。口まわりが平らなものが多く、底は丸いか尖《とが》っており、東北の貝殻文《かいがらもん》土器、沈線文《ちんせんもん》系土器などと同様、水を入れ、煮沸《しゃふつ》するのに適しています。

表面には撚糸文だけでなく、縄文も見られます。こうした糸、紐《ひも》、縄を装飾に使っていることで、この糸、紐、縄自身に意味があり、それが内部のものを聖化し、その永遠性を当時の人々は信じていたと思われます。

この縦に長い土器は調理には向きませんし、持ち運びも難しい。むろん地面を掘って立てて使うにせよ、内部に入れるものとしては水の貯蔵が考えられます。というのも、縄文土器は口が大きく開いており、その口唇《こうしん》部や口縁《こうえん》部に装飾意欲が生まれているからです。これが、土器を芸術化する一歩を踏み出したことになるでしょう。

私が問題にする、芸術的とさえいえる装飾土器は、遺跡出土の土器全体の占める割合のうち五パーセント以下で、それ以外は煮炊《にた》きに使われていたものです。縄文時代草創期の土器は胴長で、深鉢《ふかばち》と呼ばれる深土鍋《どなべ》で、外側が煤《すす》で黒くなっており、内部には焦《こ》げの跡がついていたりします。

形から推測しても、煮込んだりゆでたりするのに適しています。それ以前は、食べるものは焼いたり日干しするだけだったと考えられますから、これは料理史上、一大革命だったと、食物史の専門家も述べています。

自然の恩恵を受けることで感謝の気持ちが強くなり、祈りの対象ともなります。土器の五パーセントを占める装飾土器はまさにそのためで、中期になって祭祀《さいし》用の役割を果たすようになったのも、自然のなり行きといってもいいでしょう。

みごとな水紋《すいもん》模様は、水に対する自然崇拝の表れで、中には主として水を入れていたはずです。縄文土器は、あくまでその中に、最も人間に欠かせない自然の水を、神として崇拝するために入れていた土器といえるでしょう。

聖水を入れ、外部の縄文・装飾をその結界《けっかい》(聖なる領域と俗なる領域の分け目)として示そうとした、という見方ができるのです。縄文土器は水を神と仰ぐ、この時代の人々の心性を表しています。

＊

土器と水の関係をもう一つ見てみましょう。

関東を取り囲む各地は、東北と並んで縄文遺跡が大変多いところです。山麓《さんろく》地帯ですが、無数の河川群がその山麓を刻み、河岸段丘《かがんだんきゅう》と扇状地《せんじょうち》が形成されています。高低差のある変化の富んだ風土は、造形性を生み出す格好の土地といってもいいでしょう。

縄文土器といえば、この地方の「火焔《かえん》型土器」といわれるほど、隆起性に富んだ独自の土器群を生んだことはよく知られています。特に信濃《しなの》川流域を主に、馬高式《うまたかしき》土器が新潟県域の縄文遺跡から発見されています（24ページの写真参照）。「火焔型土器」といわれる馬高式土器群がこの信濃川流域から発見されていることは重要です。というのも、信濃川という河川はまさに水の流れそのものだからです。

たしかに火焔型土器は、富山、長野、山形県などにも見出されますが、そのほとんどが新潟県内、特に信濃川上・中流域（津南町、十日町市、長岡市）に集中的に出土しています。ですからこの信濃川に、土器づくりのモチベーションが関係している、と考えるのは当然でしょう。つまりそれは水の流れです。

多くの火焔型土器の文様を「火焔」と認識する原因は、炎のように上に突出している「鶏頭冠《けいとうかん》」と呼ばれる突起《とっき》です。この突起が、「火焔」という名称のもととなった炎だといわれています。

しかし「鶏頭冠」突起というように、動物をデフォルメしたものだといわれ、形象学的には火焔の形とは思われません。口縁部《こうえん》に四個向き合って大きく立ち上がるように付けられ、典型的なものは文様もこれを中心に四区分されていますが、いずれもまるで小さな波が立ち上がるように見えます。

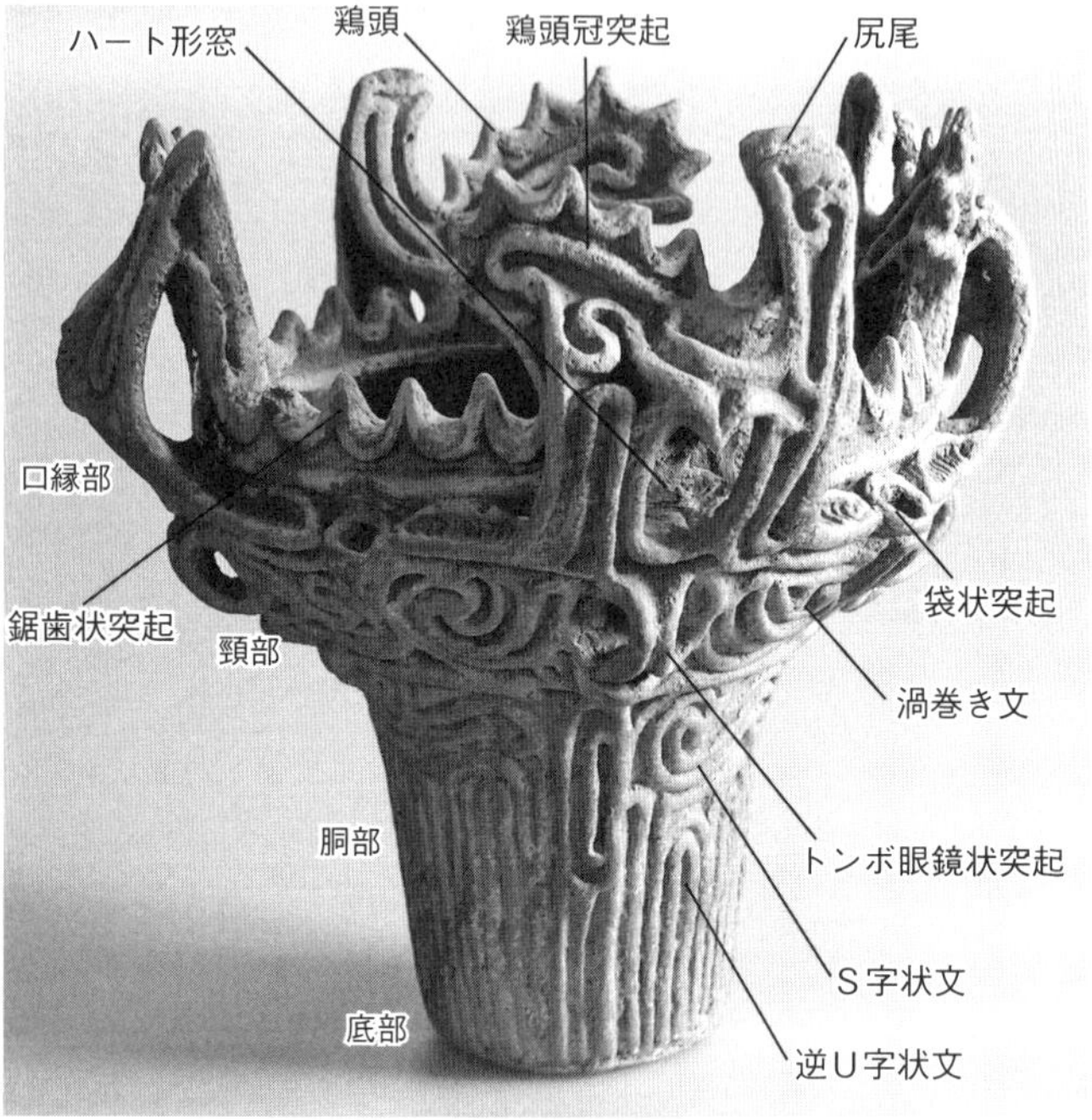

火焔型土器の各部位の名称（長岡市馬高遺跡出土　長岡市立科学博物館所蔵）

口縁部にある鋸歯状突起《きょしじょう》や頸部《けい》などに付けられるトンボ眼鏡《めがね》状突起も、そうした前提で見ると、さざ波のように見えますし、立ち上がる渦のように見えるのです。

仮にこの土器が強い火で焼かれ、また普段は炉《ろ》にくべられて煮炊きに使われたりしたとしましょう。それなら火が使われる、火にくべられる土器をさらに火焔状につくろうとするでしょうか。火とは異質の自然の崇拝物であるほうが自然だと思われます。

国宝・火焔型土器（新潟県十日町市笹山遺跡出土　十日町市博物館所蔵）

この国宝の「火焔型土器」は、この地方で見られる同種の土器の一つで、形がよく整っています。しかし「火焔」が、その縄状の表現の写実性で裏打ちされているようには見えません。たとえば火焔は、このように巻き込むような渦の表現になるでしょうか。
ここで注目すべきなのは、その器面《きめん》において、曲線が明らかに波と渦状であることです。頸部は、その隆帯《りゅうたい》（粘土の紐を貼った文様）

が渦巻きをつくり、トンボ眼鏡状突起とされる部分も、激しい波が円をつくったように見えます。胴部の上部も渦が同じように描かれています。

頸部や胴部上部が明らかに波を表しているとすれば、四つの鶏頭冠はあたかもせり上がった波のように見えますし、その間の鋸歯状突起も、幾重の波頭が並んでいるように見えます。また、胴部下の逆U字状文と名付けられた縦の隆線《りゅうせん》模様は、あたかも垂直に落ちる滝のようにも見えるでしょう。

◉自然の神的な力を表現した祭祀用の水紋土器

日本の水流表現で有名なのは、絵師でいえば葛飾北斎《かつしかほくさい》です。特に『富嶽《ふがく》三十六景』の「神奈川沖浪裏《おきなみうら》」の大きな波の図は、世界じゅうの人々が知っているといっていいでしょう。五千年前に同じ風土に住んでいた人々による水流の表現は、粘土紐で表現されていますが、観察眼は北斎と同じです。北斎のような、同じ日本の風土に生きた絵画の巨匠の水流の表現が違っているとは思われません。縄文土器にある縦の波模様は、あたかも北斎の『諸國《しょこく》瀧廻《たきめぐ》り』の滝のように、垂直に落ちる水流を表しているように見えます。

葛飾北斎作『諸國瀧廻り 下野黒髪山きりふりの滝』（画像提供：すみだ北斎美術館／DNPartcom）

「火焔型土器」といわれる土器が多く出土している地域にある信濃川はたびたび氾濫していますし、土器の制作者たちも洪水のことを熟知していたにちがいありません。単なる水流ではなく、河岸を越えて濁流が入り込み、しぶきを上げるさまを、自然の神的な仕業《しわざ》として表現したい、と考えていたことでしょう。

＊

水流から出発した縄文土器の装飾の変更過程は、この時代の多くの土器を見ればわかります。国宝に指定されている前述の「火焔型土器」ですが、私の分析では、唯一のオリジナルの「水紋土器」といえるでしょう。

形象は、それが他の作者によって繰り返しつくられることによって、オリジナルな形象が失われていき、より抽象的なものになっていく、という発展形態を取っていきます。しかし渦巻きが残され、曲線模様が円を描いている中で、その元が水であったことは予想できます。

なぜ人々は、水紋を表現したのか。水なしには生きられないという人間の身体性から発し、水そのものへの信仰を形にすることに由来するのでしょう。

縄文が、その土器の内なる自然信仰の対象を包むことによって、神社の正面をかざる注《し》連縄《めなわ》のような役割を演じるのです。その内に水という神々がいるのです。

富山、長野、山形、群馬県などでも水紋を感じさせる土器、つまり「火焔型土器」と称される土器が見出されています。しかし、明らかに「水紋」だと思わせるものは、新潟県の信濃川上・中流域（津南町、十日町市、長岡市）に集中的に出土しています。

そこから出発して、形の自立的な装飾的時代を起こしていきます。八ヶ岳付近の芸術的装飾の土器は、その発展を示しています。ある芸術家的センスをもった職人が原型の水紋土器をつくり、それを型としてより変化をつけたり、図案化していくという創造的過程が見出せるようです。中には、土偶に見られる、異形《いぎょう》の顔が加えられたりして、あたかも嬰児《えいじ》の誕生のような形象も見られるのです。

水紋土器には、日常性を越えた祭祀用の役割があったと考えられます。つまり、「火焔土器」は、祭事に水の神として祀られた「水紋土器」だったのです。

参考文献：拙著「火焔土器は水紋土器である」『日本国史学』（第十二号・平成三十年七月）

3 縄文土偶はいったい何を表現していたのか？

◉不具者への畏敬の念を表している土偶

土偶《どぐう》とは土でつくられた人形で、多くが縄文土器とともに出土しました。

土偶は、その姿の意味や制作目的、用途についてはさまざまな説があるものの、いまだに結論は出されていませんでした。

縄文土偶は人をかたどったものが多く、中でも胸や腹部を誇張したものなど、女性をかたどったものが多く、それは出産ということが神秘的に感じられたからだと思われます。

土偶の形象を、こうした先入観なしにありのままに見てみましょう。すべての土偶に共通することとして、顔の目鼻立ちが普通ではなく、いずれも手足が極端に短く小さい。つまりその姿が普通の人間には見えません。実際、土偶には異形《いぎょう》のものが多く見つかっています。

飛鳥《あすか》時代以降の仏像などとは大きな隔たりがあります。これら異形の土偶は、いったい何をかたどっていたのでしょうか。

古代人の創造世界は、現代とは比べものにならないほど限定されていたはずです。つまり彼らの観念体系は、日頃接する世界から大きく飛躍するものではなかったでしょう。ですから、彼らは、日常的に目にするものを土偶で表したと考えられます。

そうした観点から異形の土偶について考えると、実在する異形の人物を土偶で表現したと考えられるのではないでしょうか。

人口も少なかった当時は、近親者間での結婚が多かったと想像されます。文化人類学的にいえば、近親相姦《そうかん》は自然状態であり、それを克服して禁忌《きんき》（タブー）となったときに初めて文化がはじまる、という文化人類学者の定義があります。しかし、私は必ずしもそうではないと考えています。

母系制という家族制度の中では、近親相姦的なことはずっと続きますが、それゆえ、生まれた子には病気も多かったのでしょう。土偶の異常な体型は、そのことを反映したものではないでしょうか。異形の人々を畏《おそ》れる気持ちと敬《うやま》う気持ちが、こうした異形の土偶をつくらせたのではないか、と考えられるのです。

こうした土偶は南米にも存在しており、そのほとんどが奇形です。精神を患《わずら》っているように思われる姿をしたものもあります。つまり、ここでも土偶にされたのは異形の人たちだったのです。

そうした人々を土偶として形にすることによって神として祀《まつ》り、霊的な存在として重要視していったのは日本だけではないようです。

十字型板状土偶（青森県青森市三内丸山遺跡出土　三内丸山遺跡センター所蔵）

＊

たとえば縄文時代中期の土偶である十字型板状土偶の顔を見ると、口が丸く開かれています。その形象からうかがい知れるのは、「重度の認知症」の方が見せる顔です。これは三内丸山《さんないまるやま》遺跡（青森県）出土のほかの土偶の顔からもうかがわれることで、頭部だけの土偶は口を丸

国宝・合掌土偶（青森県八戸市風張１遺跡出土　八戸市埋蔵文化財センター是川縄文館所蔵）

く開け、小さな目が縁《ふち》どられており、ダウン症を示しているように観察できます。ダウン症とは、かつて「蒙古《もうこ》症」と呼ばれた成長・発達の障がいで、先天性の心疾患を伴うケースが多い病気です。

　十字型土偶のような顔のあり方は、「しゃがんで手を合わす土偶」（国宝・合掌土偶）にも見られ、さらに縄文時代後期後半の「刺突文《しとつもん》のある大型中空土偶」なども、この症状を感じさせる形象です。

　このようなダウン症の表情と思われる土偶が縄文時代中期から一貫してあることを考えると、先天的な染色体異常からくる体の発達・成長の障がいのある人たちが一定数存在したと推測できます。それが、土偶が身体未発達の小人の体躯《たいく》である理由だと思われます。そのような特異な身体に、縄文人たちは畏敬《いけい》の念を抱いていたようです。盛装していると考えられる円錐状の服装の姿をかたどることで、縄文人はそれらの人々に畏敬と恐怖、崇拝と忌避《きひ》の入り混じった感情を表していたのです。

身体的な不具性を「聖なるもの」と見なす信仰は、「民俗的世界」に見出されます。『古事記』に久延毘古《くえびこ》という神が登場しますが、この神は歩けないものの予知能力を備えています。原始時代においては、疾病や不具や狂気（ものぐるい）は、神から遣わされた者、神を背負いし者、神に近い者と聖別されていたのでしょう。

たとえば奥能登（石川県）のある地方では、田の神が「盲目」や「すがめ」（斜視）で形象化されているといい、いわゆる「白痴《はくち》」を非常に大切にする風習があったそうです。それは、「白痴」は死後に鯨《くじら》に生まれ変わって村の浜辺に上がり、生前《せいぜん》世話をしてくれた村人に利益をもたらしてくれると信じられていたからです。

＊

近代以降、「人間は健康で正常な身体をもつもの」という常識が幅を利かせてきました。

平均的身体によって形成されてきた一つの倫理世界です。少なくとも、西洋近代思想の摂理の表現として登場した啓蒙《けいもう》思想は、民衆の身体の画一性を制度として規範化し、一般的理性として「等身大」という概念を押し付けてきました。

身体障がい者、異形人を畏怖の対象、あるいは異化効果をもたらすシンボルとしてではなく、健康や正常を脅《おびや》かすものとして、排除や憐《あわれ》みの対象として見下したのです。

彼らのもっている正常性、不具合さを克服しようとする真摯《しんし》な努力を忘れ、隔離して入院すべき対象にしたのと同時に、差別の対象としました。

しかし縄文土偶は、彼らに対する憐みや排除ではなく、畏怖・敬愛の対象としてつくられているのです。

参考文献：拙著「縄文土偶は異形人像である」『高天原は関東にあった――日本神話と考古学を再考する』（勉誠出版）

4 神道は言葉ではなく形で表されている！

◉仏像によって刺激を受けた神道の宗教表現

神道はもともと口承《こうしょう》で伝わり、口誦《こうしょう》で語られたものです。つまり、文字で神道を語ることは、その意も事も失せたるものがあることになります。では、いったいその信仰はどのように表現されていたのかというと、祭式の中で表現されてきたといえるでしょう。

六世後半から七世紀にかけて、仏教が日本に移入されると、神道も意識化されました。蘇我《そが》氏が仏教を取り入れ、物部《もののべ》氏がそれに抗した際、物部氏の信仰がどのようなものだったのかを考えることが、神道の自覚の歴史的な背景となるのです。

物部氏らは仏教を、彼らの信仰と相反すると考えつつも、それを理論的に論駁《ろんばく》しませんでした。しかし、仏像を巡《めぐ》っては争いが起きました。

五三八年もしくは五五二年に、百済《くだら》から仏像・経典が到来したとき、欽明《きんめい》天皇らは「こんなに顔の整って美しい偶像はこれまでになかった。拝んでいいのだろうか」と述べたと『日本書紀』に書かれています。つまり、何よりも仏像の端麗《たんれい》さに驚いたのです。

それまで日本人の像といえば、埴輪《はにわ》に表される霊的存在としての像でした。そのため、仏像の写実性は天皇に衝撃を与えたのです。

仏教を取り入れたのは聖徳太子《しょうとくたいし》ですが、そのきっかけは仏教に好意的だった父・用明《ようめい》天皇の病です。第三十一代用明天皇は敏達《びだつ》天皇の跡を襲《おそ》って天皇に即位《そくい》しましたが、その二年後に病床《びょうしょう》に伏します。聖徳太子は天皇の病気治癒《ちゆ》のため、仏教帰依《きえ》を表明しました。

そして用明天皇の崩御《ほうぎょ》後に起こった内乱で、聖徳太子が加わった蘇我氏が勝利し、仏教が本格的に取り入れられたのです。仏像は仏教の教えそのものとして扱われ、仏像には霊的な力があると信じられていきました。

ここで注目したいのは、その偶像崇拝のありようです。

つまり、仏教を取り入れるにしても、その教義による供養礼拝《くようれいはい》ではなく、仏像に祈ることによってその「恵み」を受け取る、という理解の仕方でした。仏陀《ぶっだ》の言葉への信仰ではなく、仏像という形象の威力が、疫病や個人の病気に影響を与えるとされたのです。

このような理解の仕方は、神道的な信仰の一端を示しているといえます。仏像を他国神として認識し、その威力が人々に影響を与えるということが、日本人の神道の信仰形態の一端なのです。すなわち、日本の御霊《みたま》信仰です。

「ほとけ」とは「ほと」が仏陀を表し、「け」は形で、仏像を表します。日本人はそうした「形象」に御霊を感じることによって、「形象」を崇《あが》めるのです。

ですから、仏像が日本にやってきたことで、仏教表現が神道の美術表現を吸収し、新たな形象表現体となったといえるでしょう。

◉天と地への「信仰表現」としての前方後円墳

これは抽象的な「神」のみに信仰を求める一神教とは異なり、多神教の一つの形態です。宗教学でいう「アニミズム」と違うのは、ある偶像を特化し、それを共同体の偶像信仰として、「私」より「公」の精神がまさっている点でしょう。

仏教が仏像で表現されていたことは、それ以前の日本の信仰が形象で表現されていたことを示しているのです。

それまでの表現といえば、古墳時代の埴輪であり、前方後円墳（筆者は前円後方墳と考えています）のような古墳そのものでした。前方後円墳は紀元三世紀から四世紀にかけて、大和《やまと》の統一政権が生まれてくる畿内《きない》で造成され、古墳時代中期の四世紀から五世紀にかけては壮大なものが多数つくられました。

しかし、前方後円墳に関しては、『古事記』『日本書紀』に記述がありません。それは、墳墓造成が祭祀、つまり政治とは別の存在として認識されていたからでしょう。墳墓造成と儀式そのものは、まさに神事だったのです。

死者の霊を祀り、そこを濠《ほり》で囲んで聖地化すること自体、一つの精霊《せいれい》信仰による共同事業だったのです。それが日本独特の祭祀形態だとすれば、これも神道の一端であることは明らかです。

前方後円墳の円部は、「天」を表し、方形部は「地」を表すことは、当時の人々の共通認識だったのでしょう。円の部分が山となって、その頂《いただき》に棺《ひつぎ》が置かれたのです。

前方後円墳は『日本書紀』の「古《いにしえ》に天地未《あめつちいま》だ剖《わか》れず」という言葉を表しています。つまり、「天」と「地」が分かれていない状態を、前方後円墳が示していると思われます。

巨大な前方後円墳の仁徳天皇陵（世界遺産　大阪府堺市）

「天」と「地」への自然信仰にもとづき、天の円部の頂に棺を置くことで、御霊信仰を形象表現しているのです。これは明らかに神道の原理を示すものです。

また、古墳の前は、銅剣、銅鐸《たく》であり、縄文時代では「水紋」土器、「異形人」土偶がありました。これらの形象表現が、神道の宗教表現であると考えることができるでしょう。

参考文献：拙著「神道は形象で表現される」『高天原は関東にあった――日本神話と考古学を再考する』（勉誠出版）

5 国譲り神話の〝史実〟に迫る！

◉実戦用ではなかった銅剣や銅矛

昭和五十九（一九八四）年、出雲《いずも》大社近くの荒神谷《こうじんだに》遺跡から三百五十八本の銅剣、六個の銅鐸《たく》、銅矛《ほこ》十六本が出土しました。

それまで全国で出土していた銅剣の総数は約三百本ですから、この大量の銅剣の出土は出雲の国に対する再評価を促《うなが》しました。しかし、どんな目的でこれだけ多くの銅剣が一つの遺跡にあったのか、考古学者も出雲の郷土史家も解釈しかねています。

この、荒神谷で発見された銅剣や銅矛を調べてみると、武器としてつくられたというより、祭器としてつくられたもののようです。

朝鮮半島から伝わった最初期の細型銅剣は、朝鮮半島出土の銅剣と同様、小型ながら身は重厚さを保っています。しかし朝鮮の銅剣と異なる点は、日本の銅剣は刃の鋭さも刃先

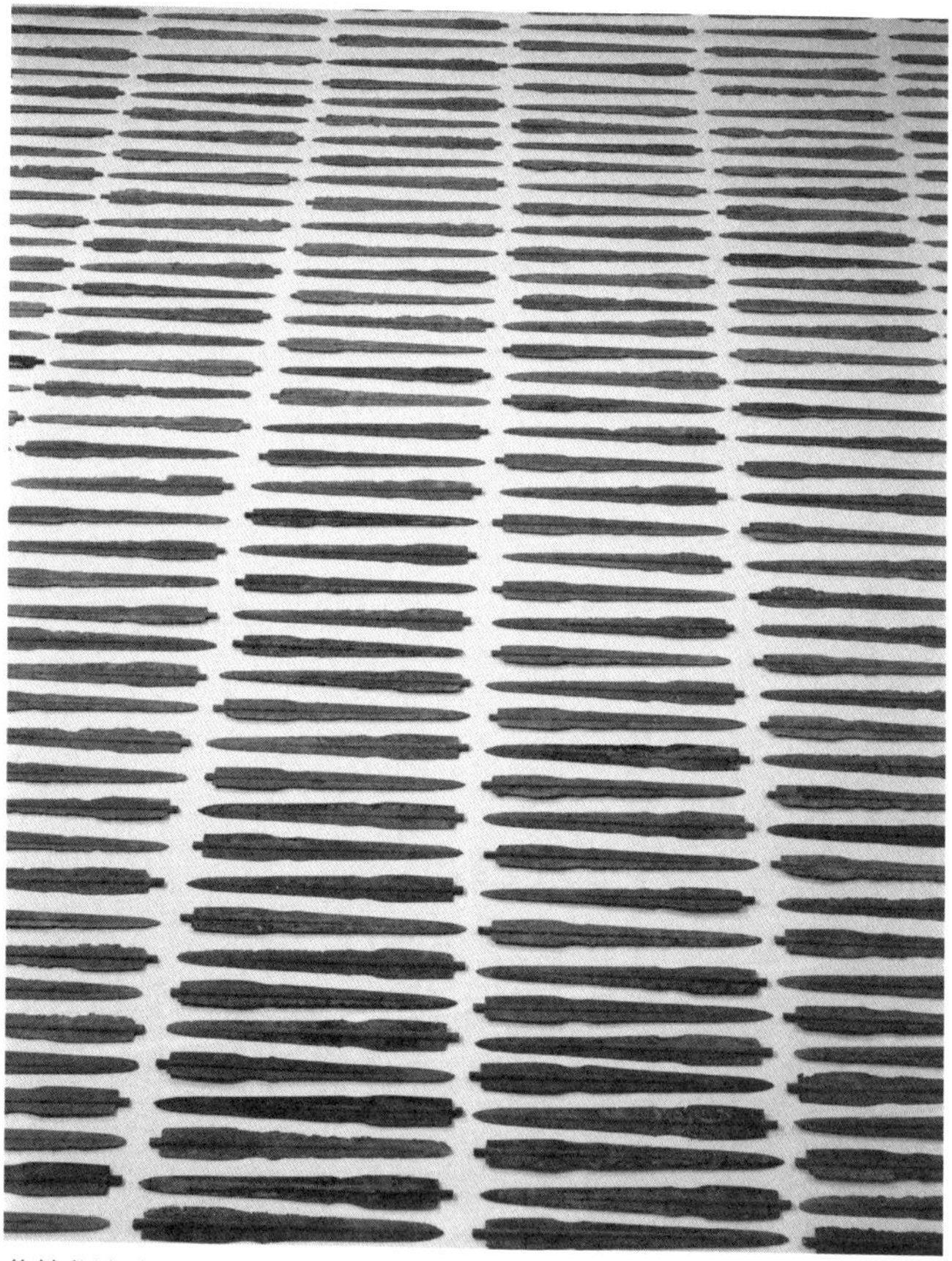

荒神谷遺跡から出土した358本の中細形銅剣（文化庁保管　島根県立古代出雲歴史博物館写真提供）

の強さも少なく、武器としてはあまり機能的ではないことです。

これは、弥生《やよい》期の日本では、銅剣や銅矛が実戦では使われていなかったことを表しているといえるでしょう。

さらに、三百五十八本の銅剣が発見された荒神谷遺跡の丘陵には、銅鐸六個も発見されましたが、ほとんどの青銅祭器は集落から離れた場所に埋《うず》めて収められているのです。それは、人力の及ばない自然の中の場所が聖なる場所と見なされ、祈りの対象となっていたからだと私は考えています。人里離れたところに捨てていたというより、かえってその場所の自然こそが、祈りの意味で重要だったということです。

＊

荒神谷遺跡で発見された銅剣や銅鐸が自然の中に放置されていたことについて、私はこれらを保持していた出雲勢力の積極的な示威《じい》行為の一つだったのだろうと考えています。これは権威の移譲を意志的に行ったという積極性を示すもので、その潔《いさぎよ》さ、服従の誠実さを示すためだったのでしょう。

銅剣を見ると、「×」印がついているのですが、これは「もう使えない」あるいは「もう使わない」という意味でしょう。使えなくなったから捨てた、あるいは山の神に奉納したと考えられます。

これを「国譲り」の神話と重ねて解釈すると、敗れた大国主命《おおくにぬしのみこと》の出雲のほうの氏族たちが日高見国《ひだかみこく》に対して恭順《きょうじゅん》の意を示すため、銅剣を全部集めて象徴的に「×」をつけて捨てたと考えることができます。

『古事記』によると、大国主命は、天から最後に使者としてやってきた剣神の威力には対抗できず、ついに長い抵抗をやめて「国譲り」をするという経過をたどりました。しかしそのことで、大国主命が偉大な神としての力と資格を失ったわけではありません。

剣神に対して恭順の意を示すことは、剣を放棄する態度を示すことのはずです。『古事記』では、大国主命が「国譲り」を承知したのに続いて、「また僕が子等、百八十神《ももやそがみ》は、すなわち八重事代主神《やえことしろぬしのかみ》、神の御尾前《みおさき》と為《なり》て仕奉らば、違《たが》ふ神はあらじ」といったとしています。

これは出雲勢が最初に「国譲り」を承知した事代主にあと押しされ、また先導されて奉仕することを約束したということです。私は、それが日高見国と出雲の関係だったと思います。

『古事記』には「百八十神」とありますが、荒神谷遺跡の三百五十八本の銅剣はほぼその倍にあたります。つまり出雲側の神々が二本ずつ奉ったことになるのです。

これだけの大量な銅剣が一か所から出てくるのには、必ず意味があるはずです。

ここで考えられるのは、日高見国―高天原から送られてきた剣神たち建御雷神《たけみかづちのかみ》、建経津主神《たけふつぬし》は、もともと鉄剣を保持していたことが考えられます。今日の研究では、鉄は縄文時代に日本では使われていたと考えられます。するとこの「国譲り」は、戦いの前に、鉄剣をもつ軍団に対し、銅剣で戦わざるを得ない出雲勢が最初から戦いの意志をもたなかったことになるのです。

大国主命は、出雲の国づくりの神として「大穴牟遅命《おおなむちのみこと》」とも「八千矛神《やちほこのかみ》」ともいいますが、八千矛神は青銅でつくった矛を神として祀っています。そのことから、荒神谷の発見は、現在に続く出雲大社の祭祀の源流をさらに古くまでさかのぼる可能性を秘めているのです。

参考文献：拙著「『国譲り神話』と出雲の銅剣、銅矛、銅鐸」『高天原は関東にあった――日本神話と考古学を再考する』（勉誠出版）

6 日本神話の高天原は関東にあった！

◉太陽が高く昇るところにあった高天原

縄文時代、当時の日本の文化の中心は日本列島の西ではなく東、関東や東北にありました。関東には、日本で唯一ともいえる大きな平野があります。その平野は関東ローム層という富士山の火山灰によってつくられた土壌で、必ずしも農耕地として適してはいません。それにもかかわらず、全体の九五パーセント以上といわれるほど、縄文時代の遺跡は圧倒的に関東・東北に多いのです。千葉、東京には多くの貝塚があり、土器・土偶も数多く出土しています。

これまで、縄文時代の人々は竪穴《たてあな》住居で生活をしていた、といわれてきました。しかし私は、七世紀から八世紀にかけて書かれた『古事記』や『日本書紀』（二つ合わせて『記紀』）に記されている高天原《たかまがはら》神話に、縄文あるいは弥生《やよい》時代の歴史の記憶が反映されていると考えています。

高天原は神話の世界の話で、垂直方向に天を想定して考えられた国とされてきました。いわば非現実的なフィクションにすぎず、特に戦後になると高天原は幻想であるとして無視されてきました。また、『記紀』についても、「天武《てんむ》天皇、持統《じとう》天皇、そして藤原家によって、高天原に天皇の祖先である瓊瓊杵尊《ににぎのみこと》が天孫降臨《てんそんこうりん》される前に多くの神々がいたと書くことで天皇家の正統性を示す根拠とするために捏造《ねつぞう》されたもの」といわれてきました。

しかし私は、高天原の物語は単なる幻想や作り話ではなく、縄文・弥生時代の記憶をもとにつくられた現実的な話だと考えています。

たとえば『日本書紀』の景行《けいこう》天皇の二十七年の記事に、「東夷《とうい》の中、日高見国《ひだかみこく》あり、その国の男女、並びに椎結《かみをあげ》文身《みをもとうげ》（髪を分け入れ墨を入れ）て、人となり勇悍《ゆうかん》なり、これ総《すべ》て蝦夷《えみし》という（東夷之中、有日高見國、其國人男女、並椎結文身、爲人勇悍、是總日蝦夷）」とあります。

また、日本武尊《やまとたけるのみこと》の陸奥《むつ》の戦い後の描写では、「蝦夷すでに平らぎ、日高見国より帰り、西南常陸《ひたち》を歴《へ》て、甲斐《かい》国にいたる（蝦夷既平、自日高見國還之、西南歴常陸、至甲斐國）」と書かれています。

さらに鎌倉時代の『釈日本紀《しゃくにほんぎ》』には、「第三十六代孝徳《こうとく》天皇の御世《みよ》つまり大化改新の時代に、茨城に新しい行政区として信太郡《しだぐん》がおかれたと『風土記』の常陸国《ひたちのくに》（現在の茨城県）編に残っているが、この土地がもと日高見国と呼ばれた地域である」と解説されています。

また、平安時代の『延喜式《えんぎしき》』に定められた祝詞《のりと》「大祓詞《おおはらえのことば》」には、日本全体を示す「大倭日高見国《やまとひだかみこく》」という言葉が使われています。さらに中国の歴史書『旧唐書《くとうじょ》』にも、「大倭日高見国」という言葉がさかんに出てきます。

この「大倭日高見国」は、「大倭」の下に書かれていることから、奈良の大和を示すのではないかと類推されていました。しかしそうではなく、日本の東半分に日高見国という別の国があったと思われるのです。

日高見国とは「太陽が昇るところを見る国」です。つまり奈良とは考えづらく、東の関東・東北を想定することではじめて、「太陽が高く昇るところにある国だから日高見国」という名がついたと理解できるのです。

『延喜式』の「延喜式神名帳《じんみょうちょう》」から、江戸時代まで天皇家と関係する神宮は三つしかなかったことがわかります。「大神宮（伊勢神宮内宮《ないくう》）」、「鹿島《かしま》神宮」（茨城県鹿嶋市）、「香取《かとり》神宮」（千葉県香取市）です。

三つのうち二つが関東にあり、互いの距離は二〇キロほどしか離れていません。さらに、この二つの神宮は、第十一代天皇垂仁《すいにん》天皇の御代に建てられたとされる伊勢神宮よりはるか昔に創建されていることが明らかになっています。

現在では鹿島神宮と香取神宮は千葉県と茨城県に分かれていますが、どちらも常陸国にありました。

天皇家と関係する二つの宮が一つの国にあるということは、そここそは「日高見国」があった場所であり、天皇家の故郷、すなわち高天原があったと考えられるのです。

これらのことを総合して答えると、高天原は関東にあったという私の主張もおわかりいただけるのではないかと思います。

参考文献：拙著「高天原は関東にあった」『高天原は関東にあった――日本神話と考古学を再考する』（勉誠出版）

7 日本の歴史は関東からはじまった！

◉東日本に広がった民族連合国家

新潟県を流れる信濃川《しなの》は、その上流域である長野県では千曲川《ちくま》と呼ばれています。長野は信濃川の上流にある土地ですから、そこでできたものが甲信越に影響を与え、芸術作品ともいえる豊かな縄文土器も長野、新潟、群馬あたりに生まれたと考えられます。

こうしたところからも、関東を中心とした緩やかな氏族連合国家が東日本に広がり、それが鹿島・香取といった二つの神宮を中心とする祭祀国《さいし》・日高見国として存在していたことが十分予想できます。今でも鹿島神宮の周辺には「高天原《たかまがはら》」という地名が三つもあります。

そして、そこに高天原という『記紀』に書かれた神話の国が重なっていくのです。

記紀神話によると、高天原には最初に天之御中主神《あめのみなかぬしのかみ》と高御産巣日神《たかみむすびのかみ》と神産巣日神《かみむすびのかみ》という三柱の神が出てきます。

日高見国は太陽信仰の国だと考えられますが、『古事記』に出てくる神々の発生の経緯を読むと、まず天地《あめつち》があり、その混沌の中から三人の独立した神が出てきたと書かれています。

つまり、まず天と地という自然があった。天地という言葉は「あめつち」という日本語の音に漢語を当てはめたもので、太陽を含めた自然全体のことを指しています。

この天地は形のない、非常に混沌としたもので、大地は水に浮いた油のようで、クラゲのように海面を漂っていたと書かれています。その形のない世界に、「葦《よし》の芽」のような最初の生命が生まれます。そこに現れたのが、天之御中主神と高御産巣日神と神産巣日神という三柱の神です。

最初に現れた天之御中主神は太陽神、自然神であり、中心の神です。この天之御中主神は日高見国の最初の頭首《とうしゅ》であると考えられます。

そのあとに高御産巣日神と神産巣日神という、「ムスビ」と名のつく二神が現れました。この「ムスビ」には人々を結ぶ、統一するという意味があります。特に二番目に現れた高御産巣日神は、日高見と非常に音が似ているところから、日高見国を統率した氏族の系譜として見ることができます。

高御産巣日神が、日高見国の統治者として統一していったのでしょう。日本における神の名前は、何代かを経て長者として認識された家の「家系」を神の名前に託して、天地創造の物語にあてはめて呼んだものと思われます。

たとえば天照大神《あまてらすおおみかみ》は、時間的にとらえるとかなり長い間、神話に登場し続けます。つまり、「アマテラス」というのは非常に長く続いている母系制の家系で、その系統の人々をみなアマテラスという「家系」として呼んだと考えられます。

また、地域によって神は違う名前で呼ばれています。

たとえば、大国主命《おおくにぬしのみこと》は奈良の三輪山《みわやま》では大物主《おおものぬし》という名で呼ばれ、現在の兵庫県にあたる播磨国《はりまのくに》の風土記では大己貴《おおなむち》として登場します。大己貴は、『日本書紀』では大穴牟遅《おおなむち》です。

同じ家系の人々の統治が続けば、地域の人々はその家系の人々を、たとえばオオクニヌシという名で呼んで一体化し、尊び、畏《おそ》れたのでしょう。それぞれの神はそれぞれの役割をもつ「家系」として存在していたと考えられるのです。

高御産巣日神は、天照大神の話にも出てきますし、さらに天孫降臨《てんそんこうりん》の際には高木神《たかぎのかみ》の名で出てきます。

天孫降臨をする瓊瓊杵尊《ににぎのみこと》は、天照大神の子である天忍穂耳命《あめのおしほみみのかみ》と高御産巣日神の娘の栲《たく》幡千千姫命《はたちぢひめのみこと》の間に生まれた子です。

これは高御産巣日神がずっと一つの「家系」として続いていたことを示しているのです。そうした「家系」をもつ氏族は、ほぼ関東にいたようです。そのため、のちに日高見国が高天原として認識されることになり、氏族として存在していた人たちの名が神の名前に反映され、日本の神話がつくられたと推測できます。

日高見国から高御産巣日神が現れ、のちに天照大神ら天津神《あまつかみ》たちが活動の場とする「高天原」とは関東を指しているということができるでしょう。

つまり、日本の歴史は高天原＝日高見国のある、関東からはじまったといえるのです。

参考文献：拙著「『高天原』は『日高見国』であった」『高天原は関東にあった――日本神話と考古学を再考する』（勉誠出版）

8 天孫降臨とは何だったのか?

◉歴史的事実としての天孫降臨

「天孫降臨《てんそんこうりん》」とは一般的に、天照大神《あまてらすおおみかみ》の孫にあたる瓊瓊杵尊《ににぎのみこと》が「地上へ天降《あまくだ》る」ことを指しますが、実際はどうなのでしょう。

「天孫降臨」が行われたであろう縄文時代中期は、関東・東北に集中していた人口が南下して西に向かい、西日本の人口が増加しました。人口増加には海外からの移民、帰化人が入ってきたことも関係しているようです。要するにこの時期、関西という地域が重要になってきたのです。

帰化人勢力が西日本で勢力を強めてくると、東日本にいた日高見国《ひだかみこく》の統治者たちは西日本の統一の必要性を考えはじめました。それを実行したのが「天孫降臨」だったと考えられます。

私は、天孫降臨は日高見国の中心地である鹿島《かしま》から九州の鹿児島《かごしま》へ船で移動していくことがはじまりだったと考えています。

天孫降臨というと、天から下に降りてくるといったようなフィクションとして考えられますが、そうではないのです。高天原《たかまがはら》系の統治者が瓊瓊杵尊に命じ、九州から西半分の国々を統一しようとした大きな動きなのです。それによって出雲《いずも》系は高天原系に国を譲りました。

＊

実はこの瓊瓊杵尊の九州への天孫降臨より前に、奈良の大和《やまと》が高天原系・日高見国系の人たちによって占領されていました。それが饒速日命《にぎはやひのみこと》による天孫降臨です。この饒速日命は高天原系・日高見国系だと考えられます。

天磐船《あまのいわふね》に乗ってきたと伝えられる饒速日命をまつる神社は、千葉や茨城に二十五社もあり、伊勢には三十～四十社あります。饒速日命は鹿島を発って船で伊勢に向かい、伊勢から大和に入って天孫降臨したと考えられます。

このように、神社が後付けする形で、瓊瓊杵尊の天孫降臨より前に天孫降臨した大和に入った饒速日命、つまり高天原系・日高見国系の人たちがいたことを証明しているのです。

＊

ちなみに、海と天はどちらも「あま」と読みます。海を見ると、水平線で天と合一していますが、あの時代の人が「海と天はつながっている」と考えたとしてもおかしくはありません。つまり、「天」という言葉を使いながら、海から行く人たちがいたことも十分考えられます。

そのような、日本における平行移動を垂直的に考え、神話化したのが「天孫降臨」だったと考えられるのです。

神話で知る「天孫降臨」は、ある意味荒唐《こうとう》無稽《むけい》なフィクションだととらえられますが、それが現実の歴史にあったことの記憶の聖化、神話化ともとらえられます。その根底には、神話と歴史の語り部たちの、共通した民族の歴史への想いがあったのです。

参考文献：拙著「『日高見国』から『大和国』へ」『高天原は関東にあった――日本神話と考古学を再考する』（勉誠出版）

9　ヤマトタケルは誰だったのか？

◉ヤマトタケルの荒ぶる血筋をたどる

『日本書紀』では日本武尊、『古事記』では倭建命と表記されるヤマトタケルは、父である第十二代景行《けいこう》天皇に愛されるとともに憎まれ、最後には打ち捨てられました。熊襲《くまそ》征伐、出雲《いずも》平定、東国征伐を行った「英雄」ヤマトタケルは、第十四代仲哀《ちゅうあい》天皇の父でもあります。そうした重要な存在でありながら、生年は不詳で死も謎に満ちています。

天皇家の血筋として揺るがないけれども、彼の行った残忍で卑怯《ひきょう》な殺人行為には、いかにも日本人らしからぬ点があります。彼のそうした異常性について、今まで「異常」と見なかったことが問題といえるでしょう。

ヤマトタケルの行った異常な人殺しの一つ目は、双子の兄殺しです。父の選んだ娘二人を妃にした兄は父との会食にも出てきません。兄を呼んでくるよう命じられたヤマトタケルは、兄を呼ぶどころか手足を切り落として殺し、死体を菰《こも》にくるんで捨ててしまったのです。ヤマトタケルはまだ十代の少年でした。このむごたらしい行為に驚いた父・景行天皇はヤマトタケルの暴力性は戦闘向きであると考え、熊襲討伐を命じたのです。

彼の残虐性は、その熊襲討伐でも発揮されました。熊襲の二人の兄弟は、ヤマトタケルによって兄は胸から背中までを突き刺され、弟に至っては尻に剣を刺して切り裂かれたのです。

さらに、出雲征伐時での卑怯な殺人もあげられます。出雲建《たける》を殺そうと考えたヤマトタケルはまず彼と親しくなります。信用させてから裏切ろうという魂胆です。そして結局、出雲建は木でできた偽の刀をもたされたため戦うこともできないまま、ヤマトタケルに殺されました。策略だったという見方もできますが、日本の武士的な方法とは異なる、いかにも「大陸風」なやり方といえるでしょう。

＊

ヤマトタケルがむごたらしい殺しを行うのは、実は彼の体の中に、帰化人の血が流れているからなのです。

ヤマトタケルの母、つまり景行天皇の皇后・播磨稲日太郎姫《はりまのいなびのおおいらつめ》は、『古事記』に若権吉備《わかたけきび》津日子《つひこ》（吉備臣《きびのおみ》たちの祖）の娘と書かれています。つまりヤマトタケルの母は、前方後円墳で知られる播磨の吉備一族の出で、秦氏《はた》をはじめとする渡来人の一大拠点が播磨でした。母親が秦氏の源郷の一つである播磨に生まれたことは、ヤマトタケルには渡来人、あえていえばユダヤ人の血が流れており、それが行動に多大な影響を与えていたと考えられます。

私は、関東から発掘される多くの古墳時代の人物埴輪に、「ユダヤ人埴輪」が多くあることを発見しました（詳しくは「13　ユダヤ人埴輪があった！」に譲ります）。これらの埴輪は武人として刀を帯び、帽子に髭《ひげ》、そして美豆良《みずら》をつけています。この埴輪は六世紀に登場しますが、すでに第十五代応神《おうじん》天皇時代の四世紀から五世紀にかけて（ただこの年代はまだ確定していません）、中央アジアの弓月国《クンユエ》から大量のユダヤ人グループが渡来していることはたしかで、西アジアの人々がたくさんやって来ていました。

それとともに、大陸的な、またはユダヤ人的な暴力性が、平和な日本にももたらされたと考えられます。多くの異国の女性たちもやってきて、そうした血も日本人に入ってきたことは容易に想像されます。

また、それらの人々の中に、日本に渡ってきた古代ローマ、中東経由の巨大建築の経験者がいたはずです。応神天皇陵、仁徳《にんとく》天皇陵の巨大化は、彼らの協力が考えられます。あの巨大な古墳群をつくる技術力、構想力、組織力に、これまでの日本人とは異なるエネルギッシュな力の発現が認められるからです。

特に秦氏の存在は、それに大きく貢献したことを証拠立てています。つまり異質の文化が入ってきて、日本人に利用されているわけです。

◉暴力性に見る帰化人の気質

『古事記』や『日本書紀』などに書かれている残忍な記述について、「日本は野蛮国であった」という理解の仕方をし、「権力争いをやっていた日本では悪人が多かった」と考える人がいます。

しかし、そうした暴力性を発揮した代表的な存在ともいえるヤマトタケルの母親は帰化人の一族で、彼はそのような気風を強く受け継いだのです。

ヤマトタケル以降も、天皇を中心とした一連の血なまぐさい事件がずっと続くわけですが、それがあたかも天皇家の権力争いであるかのような、あるいは、天皇家の血筋の争いと見られたわけです。ところがそうではなく、大陸からのユダヤ人の流入といったある種の特殊な歴史が日本にはあったのです。

＊

ヤマトタケルのみならず、特に殺害が多いのが第二十一代の雄略《ゆうりゃく》天皇です。その経歴を見ると、彼自身も帰化人の系統だと思われます。私はかつて論文に、雄略天皇は非日本人的な暴力的行為が多いことを指摘しました。

その一連の天皇を巡る物語の中に、それまでの「国譲り」や、戦わずして引く態度が失われていることに気づいた私は、それと異なって残酷な戦いを常態としていた大陸の遊牧民族的な気質に注目したのです。平気で人を殺すという、帰化人系の気質を強くもっている側面です。

逆にいえば、その気質をもって朝鮮出兵を行うことになります。雄略天皇は中国の書では、五大王の一つ「武《ぶ》」と認識されています。彼が朝鮮半島まで占領することを中国でも認めていたわけで、それだけの武力をもっていたのです。

大陸人は、平気で人を殺しますが、その血を引く雄略天皇の神話やヤマトタケルを見て、「これが日本人の性格だ」と思うのは正しくありません。

日本人は防御のために戦うことはするけれども、テロを行ったり、あるいは人を貶《おとし》めたり、不意打ちを食らわしたりすることは好まないのです。

ヤマトタケルが猛々《たけだけ》しい性質として描かれているのは、彼に大陸の血が濃く流れていたからこそなのです。

10 天孫降臨は二度あった！

◉伊勢から大和へ、大和から鹿児島へ

物部《もののべ》氏は飛鳥《あすか》時代、大伴《おおとも》氏と並んで大和《やまと》朝廷の軍事、刑罰を司った大豪族です。五世紀頃から大伴氏とともに大連《おおむらじ》となり、磐井《いわい》の乱（五二七年）による大伴氏の失脚以後は、蘇《そ》我《が》氏と並んで朝廷で権力を振るいました。

物部氏は『記紀』で、すべての氏族よりも先にあり、天皇家と深い関係をもち、高天原《たかまがはら》系であると述べられています。

物部の「モノ」は「モノノケ」のモノであり、「モノノフ」のモノであるとされています。このことから、本来は精霊や霊魂に仕え、タマシズメの呪術《じゅじゅつ》を行う氏族だったが、軍事・警察の職にも従事するようになったといわれています。

つまり、物部とは、「物具」（もののぐ＝兵器）を中心とする金属生産にかかわった者たち、

「布津御魂《ふつのみたま》（霊剣）」を祀《まつ》っていた者たち、「もののふ」として軍事に従った者たちの総称ではないかと考えられています。

＊

そんな物部氏の祖といわれているのが、饒速日命《にぎはやひのみこと》（邇芸速日命）です。

ニギハヤヒとは、古墳時代以前、つまり弥生《やよい》時代に成立していた、関東・東北を中心にした日高見国《ひだかみこく》の統治者です。

すなわち後代になって「高天原《たかまがはら》」として神話化された時代から続く、大国主命《おおくにぬしのみこと》が率いる出雲《いずも》勢力から権威の移譲（国譲り）を受けたのち、伊勢から大和に進出していた統治者であった、と考えられます。物部氏は、神武《じんむ》天皇以前の、大和支配の統治者の家系だったのです。

＊

日本は古来、島国という地政学的な有利さを生かした、統一した国家観があったと考えられます。つまり、太陽神を中心とした祭祀《さいし》国家だったと推測されるのです。

日高見国は高御産巣日神《たかみむすびのかみ》統治の時代であり、そのあと農耕が生業として加わることによって天照大神《あまてらすおおみかみ》統治時代がやってきました。外来からの移民が入り、素戔嗚尊《すさのおのみこと》に象徴される外来信徒の葛藤が生じます。さらにその子孫である大国主命が山陰地方を中心として統治するようになりました。

しかし、関東を本拠とする高天原系が「国譲り」を迫り、そのとき鹿島《かしま》、香取《かとり》の神々が実行部隊として出雲を象徴とする関西に進出し、「国譲り」を成功させました。

その中心に、鹿島にいた中臣《なかとみ》氏、香取にいた物部氏の勢力がいたのです。

そしてすでに物部氏の饒速日命が大和地方に「天孫降臨《てんそんこうりん》」して統治していましたが、やがて九州、中国地方の人口が多くなるにつれて、再統治の必要が起こり、改めて瓊瓊杵《ににぎの》尊《みこと》が鹿児島へ、船団として送られました。それが二度目の「天孫降臨」となったのです。

参考文献：拙著「物部氏は関東『日高見国』からやって来た」『日本国史学』（第十一号・平成二十九年九月）

11 邪馬台国も卑弥呼も存在しなかった！

◉邪馬台国に触れた『魏志倭人伝』はフィクションである

『古事記』『日本書紀』の成立は、神武《じんむ》天皇の東征があった三世紀初めよりずっと後のことです。ですから「同時期の文献があればもっと確かなことがわかる」と考えられますが、そこでよく持ち出されるのが『魏志倭人伝《ぎしわじんでん》』です。

三世紀初め、中国では漢の滅亡後、国々が分裂し、勢力が弱まっていました。そのせいもあり、当時の中国の歴史書には「倭」と呼ばれていた日本のことが、三世紀後半から五世紀初めにかけてまったく姿を消しています。

その中で唯一、日本について触れていると考えられているのが『魏志倭人伝』です。そのため、「三世紀初め頃の日本を知る唯一の手がかりだ」と、学者たちはこぞって『魏志倭人伝』を取り上げ、盛んに研究し、議論しています。しかし議論は盛んでも、私から見れば堂々巡りで、いまだにはっきりした結論は出ていません。

『魏志倭人伝』を重視してしまうと、『記紀』の記述が正しくないと見えてしまうのです。しかし、逆にいえば『記紀』が邪馬台国《やまたいこく》や卑弥呼《ひみこ》を無視しているのは、それが無視されてしかるべきものだから、と考えることができます。

私は、『魏志倭人伝』は歴史書ではなく、晋《しん》の陳寿《ちんじゅ》（二三三〜二九七）が海南島あたりの一つの国を想像して書いたフィクション、想像の物語だったと考えています。つまり卑弥呼も架空《かくう》の人物にすぎないのです。

＊

『魏志倭人伝』には、「倭はいくつもの国に分かれて争っていたが、やがて卑弥呼という女性を立てた邪馬台国が中心になってまとまった」というように書かれています。

それが史実だとすれば、邪馬台国はどこにあったのでしょう。『魏志倭人伝』には、倭に行くまでの行程が詳細に書かれています。その行程を忠実にたどってみると、日本から大きくはずれ、とんでもない海洋上に出てしまうのです。

そこで研究者たちはどうしたかというと、行程の数字のつじつま合わせをしたわけです。

数字が間違っているということです。そして、目新しい遺跡や遺物が発見されるたびに、「これは邪馬台国に関連するものだ、だから邪馬台国は九州にあった」「いや、そうではない、畿内《きない》だ」と、長年繰り返されてきた論争をはじめるのです。「数字は間違いだが邪馬台国の記述は正確だ」というわけです。

私は、こうした学者たちはなぜ『魏志倭人伝』の信憑性《しんぴょうせい》を疑ってみないのか、不思議でなりません。

＊

中国には昔から「中華思想」があります。「中国は世界の中心で、文化的に最もすぐれており、周辺国はすべて野蛮《やばん》国である」という思想です。広い世界を知らない、独《ひと》りよがりな未熟者の思想です。しかしこの思想は中国の歴史の中でずっと続いており、現代にいたるまで受け継がれているようです。

『魏志倭人伝』では、邪馬台国の「邪」、卑弥呼の「卑」と、わざわざ悪い意味の漢字を当てています。これは明らかに蔑称《べっしょう》で、中華思想の表れです。

日本についてどのようなイメージを抱いていたかはわかりませんが、実際は何も知らずに、「こんな野蛮な国がある」ということを述べたのが『魏志倭人伝』だと思われます。

この卑弥呼を天照大神《あまてらすおおみかみ》と結びつけ、「卑弥呼の墓は、大和《やまと》の纏向《まきむく》にある箸墓《はしはか》古墳だ」などという説が唱えられたりしています。『魏志倭人伝』によると、卑弥呼は「鬼道《きどう》につかえ、よく衆を惑《まど》わす」と書かれています。このような女性が天照大神と関係しているという考えは、理解に苦しみます。

また、「千人の侍女と、一人の男子が卑弥呼の飲食の世話や取次をしていた」と書かれていますが、こうした形態は天皇家の伝統とはまったく違うものですし、シャーマニズムのような信仰形態も、当時の日本とは異なります。

◉卑弥呼神社はなかった

実際、邪馬台国や卑弥呼の存在を示す遺跡や遺物は、まったく発見されていません。「卑弥呼神社」が日本に一つもないことでも、卑弥呼の存在の怪《あや》しさがわかります。

外国である中国で書かれた『魏志倭人伝』に名前が載るほどの女王なら、どこかに神社が残っているはずです。

しかし『延喜式《えんぎしき》』の神社総覧をいくら調べても、「卑弥呼神社」など載っていません。

ちなみにインターネットで検索すると、鹿児島の「卑弥呼神社」がヒットしますが、この神社が建てられたのは現代です。邪馬台国ブームに乗って、昭和五十七（一九八二）年に創建された神社で、霊験あらたかなものではありません。

私は、日本の歴史を考えるとき、邪馬台国や卑弥呼は必要ないと思っています。

参考文献：拙著『邪馬台国は存在しなかった』（勉誠出版）

12 神武天皇が即位した皇紀元年の真実とは？

◉歴史にもとづく皇紀こそ日本にふさわしい

令和元年は皇紀《こうき》二千六百七十九年です。しかし「皇紀」といってもなんのことかわからない人が多いでしょう。特に若年層、もしかすると中高年層でも耳にしたことがない人が多いかもしれません。

戦後、西暦に比べてこの皇紀は完全に無視されるようになりました。「建国記念の日」は復活しましたが、その年代自身のことについてはほとんどだれも深く考えようとしません。

皇紀元年は、西暦を六六〇年さかのぼる西暦紀元前六六〇年にあたります。しかしその意味をだれも再検討しないというのは残念でなりません。

グローバリズムを支持する学界人たちは、このような皇紀を探査することはナショナリズムの動きといって忌避《きひ》するでしょう。戦後の多くの歴史家が、このような日本の歴史を否定することが科学的だと述べ、無視しているのです。

＊

元号《げんごう》はまだなんとか使用されていますが、どちらかといえば西暦を使う機会のほうが多いはずです。西暦を使わせることで世界をキリスト教化しよう、という西洋人の支配欲に侵されてしまっているのです。そんな状態に陥っても、まだキリスト教徒が一パーセントに満たない「頑固な」日本人には、日本人にふさわしい皇紀があることを忘れてはなりません。

皇紀では、神武《じんむ》天皇即位の年を元年と定めています。我々の祖先が提起した以上、そこには意味があり、その意義を見出すことは歴史家として当然のことでしょう。

『日本書紀』によると、神武天皇の即位日は「辛酉《かのととり》年、春正月、庚辰《かのえたつ》期、日付は正月朔日」、つまり神武天皇初年一月一日であったと書かれています。

＊

神武天皇の即位が紀元前六六〇年にあったということは、実は、神武天皇が即位されるまでに、その名に値する天皇の統治の時代が歴史の中に隠されている、と想定できるでしょう。現代の感覚では「そんなことはあり得ない」と、即座に判断されますが、同家系の代々の後継者は、日本では何代も同じ名前で呼ばれることが多いのです。

先代、先々代などと区別はされますが、同一名で語られることはよくあることです。よく知られている例でいえば、歌舞伎役者です。いまでも市川団十郎とか中村勘三郎とか、十代以上にわたって同姓同名で出演しています。

ですから『記紀』に記述されている神の名は、時間を超えて同じ神とされるのは、それが現実の世界では、同じ家系の人物のことを語っていると考えられます。

つまりその間に、神武天皇と同等と思われる家系が大和国《やまとのくに》にあったことが隠されているのではないか、ということです。

これまでも、『記紀』に系譜はあるが、事績が記されていない第二代綏靖《すいぜい》天皇から第九代開化《かいか》天皇までの八人の天皇について、その実在を疑う、いわゆる「欠史八代」の問題がありえます。その中には、別の「王朝」があったという説があります。その王朝が、のちに第十代崇神《すじん》天皇によって併合された、という説です。

しかしこの説は、邪馬台国は実在していると信じている人々が、「畿内《きない》、九州のいずれか」という問題から生じた説で、「邪馬台国が畿内にあったとして、奈良盆地の葛城《かつらぎ》の王朝がそれである」というものです。私は邪馬台国がなかったことは確実だと考えていますから、この「前王朝説」は採用しません。

私が着目するのは饒速日命《にぎはやひのみこと》の存在です。

神武天皇の即位が紀元前六六〇年とするのは、饒速日命の即位を意識して考えられたのではないでしょうか。

『記紀』の編纂《へんさん》の時代において、できる限りの調査の結果がこの年であったと考えられるのです。そして「欠史八代」で述べられている天皇は、その饒速日命初代以降の天皇を想定したものでしょう。天皇の生存年齢が異常に長く、百四十歳以上の存在もおられます。

これはどういうことかというと、第十六代までの年月の中に、饒速日命以降の歴代の天皇の時代を込めたのだろうと考えられるのです。この隠された饒速日命の王朝こそ、高天《たかま》原《がはら》を支えた大和王朝をはじめられた存在だったと考えられます。それは文字のない時代に、「記憶として残された」王朝の系譜だったのです。

饒速日命は、七、八世紀に天皇とは認められなかったものの、天孫降臨《てんそんこうりん》をした天津神《あまつかみ》として天皇と同等の扱いを受けていたと考えられます。その時代を潜在化させ、神武天皇から第十六代仁徳天皇までの天皇の年齢を長くし（おそらく二倍）、饒速日命系の時代を神武天皇以後の時代の中に組み込んだと考えられるのです。

このようにして、神武天皇の即位は辛酉《かのととり》正月一日とされました。それが明治時代になって太陽暦に換算され、紀元節として定められました。紀元節が定められたのが二月十一日で、現在の「建国記念の日」というわけです。

参考文献：拙著「皇紀元年（紀元前六六〇年）の意味とは何か」『日本国史学』第十三号・平成三十一年三月）

13 ユダヤ人埴輪があった！　これはいったいどういうことなのか？

◉ユダヤ人そっくりな埴輪が存在する理由

埴輪《はにわ》は大分すると二つの種類があります。円形の筒をかたどった「円筒埴輪」と、人や家、動物、器などの生活具など具体的なものをかたどった「形象埴輪」です。

埴輪は、当時の人々の生活や風俗を知る重要な手がかりともなっていますが、どうして古墳に置かれたのか、死者とどのような関係があったのかということはわかっていません。

人物埴輪は殉死《じゅんし》者の代わりだという説がありますが、当時、殉死がそれほど行われていたのか、確認することはできません。

このように謎の多い埴輪ですが、その中でも特にわからないのが、明らかにユダヤ人をかたどった人物埴輪があることです。

埴輪の中には、異常に鼻が高い人物埴輪があり、飛鳥《あすか》時代以降の日本人の姿とあまりに

ユダヤ人の特徴をもった人物埴輪（千葉県山武郡横芝光町姫塚古墳出土
芝山はにわ博物館所蔵）

も異なっています。特殊な冠《かんむり》や庇《ひさし》のある帽子をかぶり、耳もとには鬢《びん》、つまり美豆良《みずら》がついており、顎髭《あごひげ》をはやしています。これはつまり、日本の古墳時代にユダヤ系の人々がいたことを端的に示しており、こういった特徴をもつ人物埴輪は、千葉県や茨城県など主に関東で発掘されています。

人物埴輪は、関西より関東で圧倒的に多く出土しているという大きな特徴があります。

近畿地方には仁徳《にんとく》天皇陵などがあり、古墳の数は圧倒的に多いと思われがちですが、実は古墳数第一位は千葉県の一万二七五〇基で、奈良県の九六一七基、仁徳天皇陵のある大阪府の三四二四基よりもずっと多いのです。

ちなみに群馬県は四一〇一基、静岡県が三四二四基、埼玉県が三〇七七基、長野県が二六六六基、茨城県が一七八〇基で、いわゆる東地域が全国二十位以内に五県入っており、近畿地方と並んでいます。その実数を比べると、東地域は近畿のおよそ三倍以上です。

前方後円墳（筆者は前円後方墳と考えています）の数も、都道府県別ではベストテンに関東が六都県も入り、かつ一位から四位までを関東が占めています。

特に千葉県は、古墳の遺跡から出土した埴輪を含む遺物量も全国三位です。千葉県山武《さんぶ》郡《ぐん》横芝光《よこしばひかり》町や芝山《しばやま》町の周辺には、五世紀から八世紀までに造営されたと考えられる古墳群が集中しており、埴輪の出土品も豊富です。

つまり、五世紀から八世紀にかけて古墳群が造営されたこの地域、つまり関東および東北に大きな勢力が存在していたことが確認できます。

＊

この時代の日本について記述されている史料は『日本書紀』ですが、『日本書紀』には東国について詳細な記述はほとんどありません。しかし、ユダヤ人的な人物埴輪の出土といった考古学的な発見によって、ようやくその詳細が明らかにされようとしています。

千葉県の九十九里浜の背後には平野が広がっており、九十九里平野と呼ばれています。九十九里平野の中央には木戸川が流れており、その東岸の大地にあるのが「殿塚《とのづか》」および「姫塚《ひめづか》」と呼ばれる二基の前方後円墳を中心とする芝山古墳群です。その周辺には一三基の円墳が確認されています。

この姫塚のある千葉県は、当時、武社国造《むさのくにのみやつこ》が統治していました。この武社国造の統治の下で前方後円墳がつくられたことになります。

武社国造は、大和朝廷では最高の地位を占める臣《おみ》という姓《かばね》、つまり称号を有するほどの有力者でしたが、六世紀前半までは目立った古墳は築造していなかったことがわかっています。大規模な古墳の築造がはじまったのは六世紀後半のことで、この時期を境に、大規模な古墳が急速に築造されるようになりました。

武社とはのちの「武蔵《むさし》」のことです。姫塚および殿塚を含む芝山古墳群は、のちに「武蔵国」と呼ばれる統治領域の中にあります。

つまり、武蔵と呼ばれる地域には、こうした大陸系の人々、ユダヤ系の人々が多くいたということを姫塚が示していることになります。

＊

姫塚の人物埴輪で特に異彩を放っているのが、鼻の高い人物埴輪です。

顎髭がない美豆良と帽子だけの人物埴輪の場合、この人物が何者であるかはわかりません。なぜなら、確かに美豆良は特色のある装飾ですが、これだけでは日本人の姿として判断できるからです。

美豆良は、髪を頭の中央で左右に分け、両耳のあたりで束ねて輪状に結ぶ髪型ですが、古墳時代に近い飛鳥《あすか》時代の人物図や、聖徳太子の像として知られる、法隆寺の「唐本御《とうほんみ》影《えい》・聖徳太子像」の二人の皇子像も「角髪《みずら》」「総角《あげまき》」として描かれています。

この髪は聖徳太子像の特徴だと受け取られ、鎌倉時代につくられた聖徳太子十六歳像にも美豆良がつけられています。美豆良は一般的な少年の髪型として認識され、一部では幕末頃まで結われていました。

ここでもう一度、芝山古墳群から出土した「芝山埴輪」の人物埴輪を見てみましょう（82・83ページの写真参照）。美豆良は帽子と顎髭との三点セットになっています。

ここが重要なポイントです。鍔《つば》付きの帽子と顎髭、美豆良という頭部の様子は、まさにユダヤ人の伝統的な姿かたちそのものです。このことは世界の衣装史を見れば明らかです。

美豆良はまた、古代のユダヤ教徒の独特の髪型でもあります。耳の前の毛を伸ばしてカールさせる「ペイオト」とよく似ています。ユダヤ人は、自分たちが他の民族と違うことを肉体的に表現するため、髪の毛や髭、また割礼《かつれい》などをしていました。

しかし、髪や割礼は、それほど大きな違いを示すものではありません。鬢《びん》の毛の形こそ、「自分はユダヤ人である」というしるし、他民族と区別するしるしとして、顕著に用いら

ユダヤ人の特徴をもった人物埴輪（千葉県山武郡横芝光町姫塚古墳出土
芝山はにわ博物館所蔵）

ユダヤ人の特徴をもった人物埴輪（千葉県山武郡横芝光町姫塚古墳出土
芝山はにわ博物館所蔵）

れる方法でした。

「芝山埴輪」の人物埴輪は、鍔《つば》付きの帽子と顎髭、美豆良をもち、みな一様に鼻が高く三角状で、その多くが武器をもっています。それはいかにも大陸のかなたから来た風貌かつ存在であり、朝鮮人や中国人とは思われません。

◉流浪の民・ユダヤ人がたどりついた日本

こうした大陸系の人々、ユダヤ系の人々は、武蔵、つまり東国に多くいたのです。このことは、日本の歴史学上、非常に大きな意味をもちます。

これまで、日本の歴史学で、「帰化人あるいは渡来人と呼ばれる人たちが日本にやって来ていた」という場合、もっぱら朝鮮半島からやって来た人たちのことを指していました。つまり、「朝鮮半島から来た人たちあるいは中国から来た人たちによって日本はつくられた」というような考え方がされてきたのです。

しかし、芝山古墳群の殿塚・姫塚の発掘調査結果は、大陸系の人々、ユダヤ系の人々の渡来を示しています。日本には、さらに大陸西方の人々、中央アジアの人々、中東の人々が、東アジア系の人たちと混ざった形でやって来ていたに違いないと想像されるのです。

　特に重要なのは、馬を使ってやって来た人々、つまり騎人あるいは騎士といってもいい人たちの存在です。結論からいえば、これは「ディアスポラ」となったユダヤ人たちが、日本に継続的にやって来ていたことを示しているのです。ディアスポラとは、「離散」や「離散した民」と解釈されています。

　一般的にユダヤ人は「流浪《るろう》の民」といわれます。紀元六六年、イスラエルでユダヤ人の熱心党（ゼロテ党）が、ローマの守備隊を襲う事件がありました。ユダヤ人たちは、当時、地中海世界を支配していたローマ帝国に対して本格的な独立戦争を開始したのです。ローマ帝国内のほとんどのユダヤ人が武装蜂起《ほうき》し、独立を試みました。

　それに対し、皇帝ネロは紀元六八年、ローマ軍を派遣しました。そして圧倒的な軍事力によってユダヤ人の反乱を制圧し、エルサレムの第二神殿を破壊しました。この破壊跡の一部が現在に残る礼拝場「嘆きの壁」です。

　こうしてユダヤ人たちは、ローマ帝国から追放され、ディアスポラの旅に出ます。旅に出たユダヤ人の中には、キリスト教ネストリウス派信仰者となってアジアに向かった人々もいました。彼らの多くは、「シルクロード」づたいに、東の中央アジアに向かいました。シルクロードは、ローマ帝国時代、中国の絹を得るための通路としてすでに確立していたのです。

そうしたユダヤ人たちは、日本にも来ていたのです。姫塚がつくられたのは六世紀後半ですが、ユダヤ人たちはもう少し前の六世紀初頭、あるいは五世紀末にやって来たと思われます。ユダヤ系の人々が日本にやって来たのは、『日本書紀』によると第十五代応神天皇の時代で、弓月国から日本に二十七家族やって来たことが書かれています。応神天皇は彼らを受け入れ、日本に住まわせたのです。

姫塚は六世紀後半につくられましたから、そこに葬られた埴輪は、すでに日本に定着していたユダヤ系の人々をかたどったものだということになります。

＊

ではなぜ、ユダヤ系の人たちは日本に渡ってきたのでしょうか。その理由は、ユダヤ人のもつ歴史的な必然性によります。ユダヤ人は、国を捨てること、国がなくなってしまうことを運命とする民族だからです。

ユダヤ人ではない人々は、自分の国に帰る、あるいは自国周辺に住もうとします。しかし、ユダヤ系の人たちは、常にディアスポラ（逃散の状態）にある人々です。

つまり、ユダヤ人には故国そのものが最初からない、ということです。現在はイスラエルという国が建国されているため、そうではないと考える方もいるかもしれません。しかし先述したように、ユダヤ人は他国の中に寄生する民とならざるをえなかったのです。

ユダヤ教の聖典に、キリスト教における『旧約聖書』があります。最初の人間としてアダムとエヴァが登場しますが、女性エヴァは、男性アダムの肋骨《ろっこつ》から生まれました。

二人は禁断の木の実を食べて楽園を追放されます。つまり、ユダヤ人にとって、人類は最初から追放者である、ということなのです。追い出されてしまった平和で幸福に満ちた楽園こそ、アダムとエヴァの祖国ですが、そこにはもはや戻れません。二人は最初から追放された存在なのです。人間は常に追放されるという規定が『旧約聖書』キリスト教の信仰そのものにあるのです。これは、原罪に通じます。

ユダヤ人たちにとって、ディアスポラは当然のことなのです。そして重要なのが、ユダヤ人は「国に戻れない人々」だということです。

国をつくるということは、そこに楽園ができるということです。しかしユダヤ人は、自分たちは楽園を追放された民だと自らを規定しているため、自分から住み処を変え、住む国を替えていくことになってしまったのです。

ユダヤ人が日本までやって来ることは必然である、というのは、ほかの国は日本のように国として彼らを受け入れなかったのです。

◉太陽に導かれてやって来たユダヤ人たち

はじめはユダヤ人たちも、太陽崇拝の信仰をもっていたと考えられます。太陽崇拝は、世界のどの民族にも共通する信仰で、日の昇る方向へ移動していけば、必然的に日本列島にたどり着きます。日本は、太陽の昇る国だからです。

日本に渡ってきたすべての「渡来人」に東方信仰があった、とはいえません。しかし、西域の人々には「太陽に向かって進む」という信仰があったのは確かです。

中央アジアのアゼルバイジャンに、ゴブスタンの遺跡があります（二〇〇七年に世界遺産登録）。岩山に描かれた絵画で有名な、石器時代の遺跡です。そこに船の絵があるので

太陽に向かう船が描かれたゴブスタンの岩刻壁画（アゼルバイジャン）

すが、その舳先《へさき》には太陽が描かれています。つまり、ゴブスタンの遺跡の船は、太陽に向かって進んでいるのです。

日本には古来、西域から多くの人が渡ってきました。奈良の東大寺・正倉院に収蔵された品々は、中国や朝鮮のものより西域のもの、あるいはそれをモデルとして日本でつくられたもののほうがはるかに多いのです。

太陽の昇る方向、つまり東へ向かう人類は、最初はアフリカを出発しました。彼らはアジアにおいてさまざまな場所に居住したのち、さらに東方に向け、波状的にやって来たと考えられます。

つまり、縄文時代、弥生時代は、中国、朝鮮といった近い地域の人々より、そうした西方の人々が渡ってくるほうが多かったと考えるべきでしょう。すべては太陽信仰のなせることです。「昇る太陽」という意味においては、フランス語には「le soleil levant」、イタリア語であれば「Il sorgere del sole」といったように、印象深い言葉があります。太陽が昇る国・日本までやって来るということは、太古の昔から人類にとっても大きな願望でした。

そして、ユダヤ人たちがたどり着いた場所こそ、日本列島の関東だったのです。九十九里浜のありようからわかるように、関東こそが太陽が昇るところ、日本そのものでした。

*

日本に渡ってきたユダヤ系の人々が、機織りの技術や絹の生産技術、あるいは農業技術、灌漑《かんがい》施設の建設技術、そして、古墳をつくる土木技術などをもっていたと考えられます。それらは中国や朝鮮にはない技術だからです。

同時に彼らは、日本に渡ってくる途中で入手したアジア各地での技術や物品をもたらしました。これが、天平時代、八世紀中頃にはじまった「正倉院宝物」に、なぜ中国・朝鮮のものよりも中央アジアからペルシアにいたる広い地域のさまざまな装飾品や仏具のほうが多く収められているか、ということの理由と思われます。

つまり、日本に西方の文化を伝えたのは、中国人や朝鮮人ではなかったのです。正倉院をつくったのもおそらくユダヤ系の大陸の人々であり、その宝物も彼らが聖武《しょうむ》天皇に寄贈したと考えられるのです。

仏教をもたらしたのもこうした大陸の人々、ユダヤ系の人々だったかもしれません。遣唐使として中国に渡った日本の仏僧はもちろん大勢います。しかし同時に、中国から日本に渡ってきた人たちの中には、中央アジアでの経験を通じて日本に仏教をもたらした人たちもいたと考えられます。仏教はもともとの発祥がインドですから、中国を経由する必要はありません。

いずれにせよ、奈良に大和国《やまとのくに》が成立したあとも、西方の渡来人＝帰化人はやって来ました。渡来は弥生時代にはじまり、一つの大きな波として応神《おうじん》天皇の時代を中心とする四世紀末から五世紀初め、次に五世紀後半から六世紀中頃というように、波状的に日本に渡ってきたと考えられます。

◉「渡来人」とはユダヤ人のことだった

こうしたことをもとに、人物埴輪の出土が東国に多い理由を考えてみましょう。

千葉県山武郡横芝光町や芝山町で出土した人物埴輪や、それに伴う器財《きざい》埴輪を見ればわかるように、当時の関東には、馬に乗る人が多く存在しました。それに伴い、鉄剣や弓など、日本にはなかった武具が増えてきました。関東のこの状況は、大陸との戦争を含めた日本のそれ以後の戦争というものを形づくる大きな力となったのです。

当時の千葉県を統治していたのは武社国造《むさのくにのみやつこ》でした。国造とは、大和朝廷に服属して地方を治める役を担った地方豪族のことで、大和朝廷においては最高の地位を占める臣《おみ》という姓《かばね》つまり称号を有していました。この武社国造の統治の下で、全国最多の前方後円墳や人物埴輪などがつくられたということになります。

それほど有力な武社国造でしたが、六世紀前半まではその領域に目立った古墳は築造されていなかったことがわかっています。大規模な古墳の築造がはじまったのは六世紀後半からで、この時期を境に大規模な古墳が急速に築造されるようになったのです。

『古事記』に、武社国造が牟邪臣《むさのおみ》だったと記載されており、武社国造が東国で唯一、姓を有した国造であったとすれば、人物埴輪に表現された人々は、この武社国造つまり牟邪臣の氏族に仕えていた人々ということになります。

＊

先ほど、大陸からの移民が主として太陽の昇る国としての「日本」に向かってきた、と述べました。私は、東国に人物埴輪が多い理由を考える際には、そうした「伝統」を重視すべきだと考えています。

千葉県の芝山遺跡群は九十九里浜に近い場所にあり、海から昇る朝日を礼拝するのにふさわしいのです。これは、人はみなオリエント（東方）に向かうという習性が続いていたからだと推測できます。人類は原初から、太陽信仰をもっているからです。

これまで、日本の歴史学において、こうしたことは長く見過ごされてきました。日本にやって来た「渡来人」は中国人や朝鮮人で、それ以外の国から来た人々もいるということを考えてこなかったのです。特にユダヤ人が多かったことは、「ユダヤ人埴輪」が物語っています。それも前方後円墳に出土するのは、彼らが社会で重要な役割を果たしていたことの証です。

これら大陸からやって来た渡来人で重要なのが、秦《はた》氏です。秦氏は日本に帰化したキリスト教ネストリウス派の氏族ですが、この秦氏は人物埴輪を考える際、特に注目すべき存在なのです。

◉ユダヤ人埴輪と渡来人・秦氏の関係

『日本書紀』によれば、秦氏の先祖は弓月君《ゆづきのきみ》で、百済《くだら》からの渡来人です。弓月君の日本への帰化の経緯は、まず応神天皇十四（二八三）年、弓月君が百済から来朝して窮状を天皇に上奏したことからはじまります。

帰化後の弓月の民の人々は、養蚕や織絹に従事しました。その絹織物は柔らかく「肌」のように暖かいものでした。『新撰姓氏録』の山城国諸蕃・漢・秦忌寸の項には、このことから弓月の民の人々は「波多」の姓を賜ることとなったという説話もあります。その後、子孫たちは氏姓に登呂志公《とろしのきみ》、秦公酒《はたのきみさけ》を賜り、雄略天皇の御代に「うつまさ（禹都萬佐、太秦）」の姓を賜りました。

平安時代に編纂された、清和《せいわ》天皇、陽成《ようぜい》天皇、光孝《こうこう》天皇（第五十六～五十八代）の三代三十年間が記された歴史書『日本三代実録』があります。ここには、惟宗朝臣《これむねあそん》の氏姓を賜ることとなった秦氏、秦宿禰永原《はたのすくねながはら》、秦公直宗《はたのきみなおむね》、秦忌寸永宗《はたのいみきながむね》、秦忌寸越雄《こしお》、秦公直本《はたのきみなおもと》らの奏上が残されています。彼らの奏上によると、功満王《こうまんおう》は秦始皇帝《しん》十二世孫であり、その子の融通王《ゆうずうおう》＝弓月君は十三世孫に相当します。

秦氏の祖である弓月君は、たしかに朝鮮半島を経由していますが、秦氏の系統は『新撰姓氏録』においては「漢」（現在でいう漢民族）の区分です。

つまり、秦氏の系統は当時の朝鮮半島の人々である、高麗《こうらい》（高句麗《こうくり》）、任那《みまな》、百済、新羅《しらぎ》とは別系統なのです。このことは、彼らが西方の人々であったということが一般的に認識されていたことを示しています。

そしてこのことが、秦氏とユダヤ人との関係を明らかにしていくのです。

＊

先に書いたように、ユダヤ人は「流浪の民」といわれます。それが民族的性格であるとはいえ、故国を去らざるを得ないのですから、そこには大きく深刻な動機があるはずです。強い圧迫を受けて四散せざるを得ない状態を、歴史の近い時期に想定することができます。

ローマ帝国から追放され、ディアスポラの旅に出たユダヤ人たちの多くがシルクロードを伝って東の中央アジアに向かいました。その一部が、中央アジアの「弓月国（クンユエ）」を経由して、中国、朝鮮半島にまでやって来たと考えられます。中国において秦氏として成立し、そこから朝鮮半島に移動し、秦韓《しんかん》と弁韓《べんかん》までやって来たというわけです。

秦韓は「辰韓《しんかん》」とも呼ばれ、弁韓と並んで四世紀頃まで朝鮮半島南部にあった三韓（馬韓、弁韓、秦韓）の一つです。日本海に接しており、のちの新羅と重なる場所にありました。これらの国々に、ユダヤ人たちが入り込んでいたのです。

そうした人々の中にいた、ユダヤ人原始キリスト教徒のエルサレム教団が「大秦国（ローマ帝国）から来た秦氏」と名乗っていました。秦氏は、当時は柵外《さくがい》の人々、つまり万里の長城の外に住んでいる民族という意味で「秦人」と呼ばれたといいます。「秦」とは、漢民族にとって「外の人々」という意味だったのです。

＊

一方、「日本では、やって来たユダヤ人の名をハダ氏と受け取った」という説があります。平安時代の歴史書『古語拾遺《こごしゅうい》』に、「秦」は当初「ハダ」と発音したと記されています。

彼らがもたらした絹が《肌膚に軟らかなり。ゆえに秦の字を訓《よ》みてこれを波陀と謂う》と書かれているのです。

「ユダ族」を意味する「(ヤ) ハダ」という発音を当てて読んだのが「ハダ」の由来ではないか、と指摘されています。この『古語拾遺』から推測される「ユダ族→(ヤ) ハダ」という説は、日本における秦氏の名前の由来としての蓋然《がいぜん》性が高いでしょう。

たしかに南ユダ王国の末裔《まつえい》であるユダ、ベニヤミンの二部族は今日でも「ユダヤ人」と称されており、中でも王権を継承する役目を担ったユダ族はヘブライ語で「Yehudi（イェフディ）」と呼ばれています。その綴《つづ》りは、ヤーウェーの神を意味する言葉に「ダ」を付け足しただけとの指摘もあります。

秦氏が「ユダ族」の出身であることから、「秦」の読みをヘブライ語で「ユダ族」を意味する「イェフダ」とし、軽く発音される「イェ」を脱落させて「(イェ) フダ」、または「(イェ) ハダ」と読むことにしたのではないかという指摘には、蓋然性があります。

つまり、「秦氏《はだ》」とは「ユダ族」を意味しており、「イスラエルの王権を継承し、神の都を再建する使命を担ったユダ族の末裔が秦氏ではないか」とする説です。秦氏がイスラエルから来たとする、考え方の一つです。

＊

一方、中国には外国人に対しても漢字の名をつける習慣があり、出身国から一字を採用して名づけることもありました。

ユダヤ出身であれば、ローマ帝国の漢字名である「大秦」から一字をとって「秦氏」とされたということです。これが、ユダヤ人によってイェフダ→イヤハダ→ハダ→ハタと読まれていき、「秦」の字に当てられた、と考えられます。

『旧約聖書』の創世記には、アブラハム、イサク、ヤコブといったイスラエルの先祖たちが登場します。彼らは、中国のネストリウス派（景教）の漢語では「波多力」と書かれているといいます。

これは、イスラエルの先祖たちが「族長（パトリアーク）」と呼ばれていることに端を発しています。ギリシア語の「父」を意味する「pater」と、「指導者」「王」という意味の「archon」が組み合わされた語源といわれています。

その後、「族長（パトリアーク）」はキリスト教において「司教」という意味で使われるようになり、中国の景教では「波多力」と書き表されるようになりました。

つまり、「波多」という漢字は、イスラエルの指導者、ユダヤの父なる指導者を示唆する言葉なのです。その王系の一族を称して「波多力」と書き、それが「秦」とも書かれるようになったといいます。

◉秦氏を重用した雄略天皇

この秦氏を厚遇したのが、第二十一代雄略天皇です。

雄略天皇と秦氏との間には密接な関係が見られます。雄略天皇は、秦氏の技術を重用しました。

先に触れましたが、秦氏はもともとシルクロード（絹の道）と関係が深く、機《はた》を営むことが多かった一族です。租税としてつくられる絹、かたおりを朝廷に数多く奉納しています。

雄略天皇は『宋書』・『梁書』に書かれている「倭の五王」の中の「武《ぶ》」であると考えられています（ほかの四王は讃《さん》・珍《ちん》・済《せい》・興《こう》）。しかし、稲荷山古墳（埼玉県）の鉄剣の銘文では中華皇帝の臣下としての「王賜」銘鉄剣の「王」ではなく、「大王」と明記されています。

雄略天皇は「武」からの上表文からもわかるように、珍、済など他の王たちのように史僚としての任官を求めるなどのことはしていません。つまり、雄略天皇は日本の自立を強く進めており、中国もそれを認めていたのです。

武、つまり雄略天皇の最後の遣使は四七八年です。史料上確実な倭国の次の遣使は六〇〇年および六〇七年の遣隋使で、その間、遣使は途絶えていました。これは、日本の自立性を示しています。

こうした雄略天皇の新しい政策は、身狭村主青《むさのすぐりあお》と檜隈民使博徳《ひのくまのたみのつかいはかとこ》を史部《ふひとべ》（書記官）として重用し、大陸への使者として派遣していることにも表れています。

この二人はユダヤ人、秦氏の系統でした。少なくとも中国からの帰化人ではありません。史部とは、まさに外国との折衝が任務ですから、外国の言葉が堪能でない役人を大陸に送ることは考えられません。

実際、宋の順帝は、倭王武に《使持節都督倭・百済・新羅・任那・秦韓・慕韓《ぼかん》六国諸軍

事・安東大将軍・倭国王》の名を与えています。つまり「倭王武」の実力を認めていました。

「使持節」とは、軍政権を渡された官のことで、「大陸の宋の皇帝は、日本の天皇がこれら六国の王になることを認める」と述べているのです。

これは、日本が朝鮮半島を支配することを認めていた、ということなのです。

◉ユダヤ人の知識が雄略天皇を助けた

ここである疑問が生じます。五世紀末に、なぜ雄略天皇が朝鮮に対しても中国の勢力に対しても力をふるうことができ、自立的な態度に出ることができたのか、という疑問です。

その理由として、「側近に大陸情報を広くもつ人材がいたからだ」と考えることができます。中国から来た氏族ではなく、そのさらに西の大陸から来た人々からなる人材ということです。

雄略天皇はすでに四七八年に遣使をやめ、中国との接触を断っています。したがって中国との関係は、密接ではありませんでした。

その理由として考えられるのは、大陸から来た秦氏、つまりユダヤ人の情報力と軍事的な援助です。応神天皇の時代に、弓月国から大勢のユダヤ人の帰化がありました。関東の古墳におけるユダヤ人埴輪の存在は、雄略天皇に従う関東豪族の、ユダヤ人重用の結果と見るべきでしょう。『日本書紀』の暦が、雄略天皇以降、「儀鳳《ぎほう》暦」から「元嘉《げんか》暦」に変わっています。このことも、この時代の政策が画期的なものであったことをうかがわせます。

雄略天皇は、すぐれた政治能力を発揮して大和王権の力を拡大させました。その反面、気性の激しい暴力的なところも多く見られる天皇でした。

こうした統治は、大陸的な考え方を含む周囲の人的環境がなければ行えないことです。雄略天皇は、中国のそれと似た「力の政治」を行使したのです。

*

雄略天皇の血筋は男系では途切れたものの、皇女の春日大娘皇女《かすがのおおいらつめのひめみこ》が第二十四代仁賢《にんけん》天皇の皇后となり、その娘の手白香皇女《たしらかのひめみこ》は第二十六代継体《けいたい》天皇の皇后となって、第二十九代欽明《きんめい》天皇を産んでいます。その血筋は、女系を通じて現在の皇室まで続いているのです。

その欽明天皇も、秦氏とは密接な関係にありました。『日本書紀』巻第十九では、欽明天皇の即位にまつわる、次のような物語を最初に載せています。

《まだ幼少のおり、夢に人が現われ、「天皇が秦大津父《はたのおおつち》という者を、寵愛されれば、壮年になって必ず天下を治められるでしょう」といった。夢が覚めて使いを遣わし、広く探されたら、山城国紀郡《やましろこくきのこおり》の深草《ふかくさ》の里に、その人を見つけた。名前は果たして見られた夢の通りであった。珍しい夢とたいへん喜ばれ、秦大津父に「何か思いあたることはなかったか」と問われると、「特に変わったこともございません。ただ私が伊勢に商いに行き、帰るとき、山の中で二匹の狼が咬み合って、血まみれになったのに出会いました。そこで馬からおりて、手を洗い口をすすいで、『あなたがたは恐れ多い神であるのに、荒々しい行いを好まれます。もし猟師に出会えば、たちまち捕われてしまうでしょう』といいました。咬み合うのをおしとどめて、血にぬれた毛を拭き、洗って逃がし、命を助けてやりました」とお答えした。天皇は「きっとこの報いだろう」といわれ、大津父を召され、近くにはべらせて、手厚く遇された。大津父は、大いに富を重ねることになったので、皇位をお継ぎになってからは、大蔵の司に任じられた》（『全現代語訳 日本書紀』宇治谷孟訳・講談社）

この話で興味深いのは、秦氏の有力者、秦大津父が「あなたがたは恐れ多い神であるのに、荒々しい行いを好まれます。もし猟師に出会えば、たちまち捕われてしまうでしょう」と、情勢判断をしているところです。

これは、ユダヤ人たちが近代においても世界に対して取り続けている態度と、まったく同じものです。少数派であるユダヤ人たちは必ず、支配する相手の国を分裂させ、その闘いを利用して支配しようとします。

欽明天皇は西暦換算で五四〇年に帰化人たちに戸籍を与えました。秦氏の七〇五三戸を管掌する役割として「秦伴造《はたのとものみやっこ》」を用意し、「大蔵掾《おおくらのふびと》」にその任務を与えたといいますが、「大蔵掾」は大津父のことだったと考えられます。

族長である秦大津父は、調の貢納や、朝廷の蔵の経営に参与するようになります。秦氏の商業活動とともに、国家の運営にも重要な関わりをもつようになったのです。

秦大津父は、山背国の紀郡深草里《きのこおりふかくさのさと》（現在の京都市伏見区）の出身で、葛野郡太秦の地を一つの拠点としました。六世紀中半ばから七世紀初頭頃に秦氏の族長が深草から太秦に移り、この地の活動は活発化しました。

欽明天皇のエピソードでもわかるように、秦氏は、のちに天皇家の後継者を左右させるほどの力をもち、国家の運営に深く関わる活動を行っていたのです。

◉日本に同化した渡来人だった秦氏

ユダヤ系の秦氏は、その財力と組織力から見て、のちの藤原氏のように政権をとり、自らが思う計画を実施することは可能だったと思います。暴力的にもできたでしょうし、政治技術的にもできたはずです。しかし秦氏はそうせず、天皇を守る方向に向かいました。

皇位継承の伝統を揺るがした事件として有名なのが、八世紀奈良時代の道鏡《どうきょう》の事件です。道鏡を天皇の位につければ天下は泰平になる、という宇佐神宮の神託は虚偽であることを和気清麻呂《わけのきよまろ》が明かし、道鏡が皇位に就くことを防いだ事件です。和気清麻呂は宇佐神宮から真の神託を得て、上奏しました。

宇佐神宮は、秦氏系の神社で、全国約四万四千社の八幡宮《はちまんぐう》の総本社であり、万世一系《ばんせいいっけい》の天皇を守ります。全国に三万二千社を数える稲荷《いなり》神社も秦氏がつくったものだといわれています。

秦氏は、全国の大半の神社をつくりました。これは、日本の信仰形態を非常に評価したためで、日本の信仰形態を壊そうなどという気は起こさなかったのです。

日本人のやり方と生き方に服し、完全に日本に同化した渡来人といっていいでしょう。日本に渡ってきたユダヤ系の人たちは、彼らの理想郷を日本に見たのです。ユダヤ人埴輪は、そんな彼らの想いをかたどったものだともいえるでしょう。

参考文献：拙著「ユダヤ人埴輪をどう理解するか」『日本国史学』（第十四号・令和一年十一月）、『発見！ユダヤ人埴輪の謎を解く』（勉誠出版）

第二部　日本は天皇を中心にした最高の文化国家だった

14 「聖徳太子はいなかった」を否定する

◉歴史を捻じ曲げる「聖徳太子不在説」

『日本書紀』には、「法隆寺が六七〇年に焼けた」という記述があります。この「焼けた」という表記をまともに受けて、「今ある法隆寺は焼けたあとに建った」と思っている人が大勢います。

「現在ある法隆寺が再建されたものなら、焼ける前にあった法隆寺も聖徳太子が建立したかどうかわからない。さらにいえば、『日本書紀』に書かれていること自体が疑わしいため、聖徳太子も実在していたかどうかわからない」という学者も少なくありません。

こうした「聖徳太子不在説」を、戦後の歴史学の成果のようにいっている人たちがいます。『日本書紀』『古事記』を史料批判の観点から研究し、「『記紀』は天皇家、つまり天武天皇と藤原家が自分たちの権力を守るためにつくりあげたもの」という認識をもつ人たちです。

このような説は、「日本の神話は捏造《ねつぞう》だ」といいたい人たちによって支持されています。しかし、美術史にも建築史にも関わっていた私からすると、そうした説は噴飯《ふんぱん》ものです。法隆寺の建築様式も金堂の釈迦三尊《しゃかさんぞん》も、飛鳥《あすか》時代につくられた以外、考えられません。

実際、今の法隆寺は再建でないということがわかりました。樹木の年輪から年代を測定する年輪年代法という、現在ではもっとも正確な測定方法が行われ、法隆寺に使用されている木材は飛鳥時代に伐採されたものだとわかりました。さらに平成十三（二〇〇一）年、法隆寺五重塔の中心に立てられている心柱《しんばしら》は、推古《すいこ》天皇二（五九四）年のものだったことが明らかになったのです。

では、「法隆寺が焼けた」という『日本書紀』の記録はどうなのか？　これもたしかに間違いではありません。焼けた土が出てきたからです。しかし焼けたのは、法隆寺のそばに建っていた若草伽藍《わかくさがらん》という建物だったのです。

ですから、現在私たちが見ている法隆寺は再建されたものではなく、聖徳太子（五七四～六二二）が建てた法隆寺であることはまちがいありません。

しかし、法隆寺再建説を信じて疑わない学者はなかなか真実に目を向けようとはしません。金堂の中の『釈迦三尊像』も『百済《くだら》観音』も明らかに飛鳥時代のものですが、再建派は「法隆寺は再建するときにわざと飛鳥様式にした」などと、無理なことをいっています。

歴史は素直に見なくてはなりません。法隆寺は、明らかに聖徳太子が生きていた時代の建物なのです。

法隆寺のすべては、聖徳太子の人格の高潔さの反映であるといえるでしょう。日本人の基礎となるものを培った、高い精神性によって掲げられた、理想の表れである政治的業績。法隆寺はそれらを形に表した結晶である、といって過言ではありません。指導者の品性が高くないと、その社会の品性も、そして芸術の品性も高くならないのです。それが古今東西のすぐれた文化の鉄則です。

人々が聖徳太子に多大な尊敬を寄せたのは当然のことで、やがて太子信仰が生まれました。像がつくられ、絵が描かれ、お寺でも神社でも祭られるようになり、それは後代にまで及んでいます。

多くの寺は、落雷や戦いで焼けています。奈良の東大寺や興福寺も、あらゆる有名なお寺が焼けていますが、一番有名な法隆寺は焼けていません。これはどういうことでしょうか。私はこれを奇跡とは思っていません。天皇が一度も途絶えていないように、法隆寺も日本人みなによって守られたのです。

われわれが日本を守らなくてはいけないのと同じように、天皇だけは絶対守ろう、あの美しい聖徳太子の寺をどんな戦争があっても守ろう、と努力したのです。

それこそ暗黙の了解で、天皇と聖徳太子を守ろうとしてきたのです。これは偶然だと歴史家はいうかもしれませんが、真実はそうではないのです。繰り返しますが、歴史は素直な目で見る必要があります。聖徳太子のような偉大な人物を歴史にもったことは、私たち日本人の誇りといわねばなりません。

◉聖徳太子は日本人の精神そのものである

仏教を具体的に受け入れた中心人物が、聖徳太子なのです。

聖徳太子はなぜ、遣隋使を送り、神道の国に仏教を入れなくてはならないと思ったのでしょうか。聖徳太子は天皇の御子《みこ》です。天皇家は神道の祭祀を行う家系ですから、当然、神道という共同宗教を中心にしています。そんな聖徳太子が、朝鮮から仏教の師を招いて深く研究され、個人の生き方を教える仏教を受け入れたのです。

仏教が入って何が変わったかというと、死の問題を個人の問題としてとらえるようになったことです。その一つの現象として、お墓が小さくなりました。これは人々が、死者を共同体の神として崇めることから、個々人が「ほとけになる」と考えるようになったことの表れです。

日本では言葉として、死んだら「神になる」とは考えません。「ほとけになる」ことが「死」だと考えます。仏教を入れたことによって、初めて死の概念が明確化されたのです。

同時に、人間の生き方がより個人性を帯びてくるようになりました。このことが文化、芸術を生み出す大きな基礎となるのです。

『聖徳太子　本当は何がすごいのか』（育鵬社）に詳述しましたが、聖徳太子は、日本人にとって神道という共同宗教だけでは不十分で、個人宗教の仏教を取り入れるべきだ、とお考えになりました。それで仏像を拝む精神を導入したのです。

聖徳太子のこの決断のあと、日本の芸術が生まれました。埴輪と仏像の差を見れば、それは明らかです。共同の神道の風土の中で、個人の感情と精神により、芸術が表現されたのです。

『万葉集』も『源氏物語』も、個人の感情と精神をうたい、叙述したものです。修行中の菩薩《ぼさつ》像にも、怒れる四天王像にもそれが見られます。

「聖徳太子はいなかった」という人たちは、それら日本の芸術をも否定することになるのですから、いかに間違った考えかということがわかります。

聖徳太子は、日本人に個々の感情と精神を表現させるようにしたのです。

その意味で、私は今、新たに聖徳太子を復活させなければならないと考えています。

参考文献：拙著「聖徳太子は実在した」『聖徳太子　本当は何がすごいのか』（育鵬社）

15 奈良の大仏の制作者は〝日本のミケランジェロ〟である！

◉ギリシアの古典彫刻に匹敵するセンスと技術

有名な、奈良・東大寺の大仏（盧舎那仏《るしゃなぶつ》）を建てたのは第四十五代聖武《しょうむ》天皇（七〇一～七五六）でした。鎮護国家を願い平城京の中央に東大寺を建立し、さらに高さ一六メートルのブロンズ（青銅）の大仏（盧舎那仏）をつくらせたのです。

大仏建立に要する費用を集めるには、広く一般から寄付を募る必要があります。その勧《かん》進《じん》の役目は、民衆に人気のあった行基《ぎょうき》（六六八～七四九）という僧侶に依頼されました。

そのとき聖武天皇の出された詔《みことのり》は、次のようなものでした。

「朕《ちん》（私）は徳の薄い身でありながら、かたじけなくも天皇の位を受け継いだ。朕の志は広く人民を救うことであり、努めて人々を慈《いつく》しんできた。国土の果てまで思いやりと情け深い恩恵を受けているはずであるが、天下のもの一切がすべて仏の恩恵に浴しているとはいえない。そこで三宝（仏・法・僧）の威光と霊力に頼って、天地ともに安泰になり、よろずの代までの幸せを願う事業を行って、生きとし生けるものことごとく栄えることを望むものである。

そこで天平《てんぴょう》十五年、菩提《ぼだい》の大願を発して、盧舎那仏の金銅像一体をおつくりすることにした。国中の銅を尽くして像を鋳造し、大きな山を削って仏堂を構築し、広く仏法を全宇宙に広め、これを朕の智識（ほとけに協力する者）としよう。そして最後に朕も衆生《しゅじょう》もみな同じように仏の功徳を蒙《こうむ》り、ともに仏道の悟りを開く境地に至ろう。

天下の富を所有する者は朕である。天下の権勢を所持する者は朕である。この富と権勢をもってこの尊像をつくるのは、ことはなりやすいが、この願いを成就することは難しい。ただいたずらに人々を苦労させることがあっては、この仕事の神聖な意義を感じることができなくなり、あるいはそしり（悪くいうこと）を生じて、かえって罪におちいることを恐れる。……国・郡などの役人はこの造仏のために、人民の暮らしを侵したり、乱したり、無理に物資を取り立てたりすることがあってはならぬ。国内の遠近にかかわらず、あまねくこの詔を布告して、朕の意向を知らしめよ」

この聖武天皇のお言葉には、権勢を誇る気持ちと人民を思う心が同時に存在しています。「大仏制作によって、天下のもの一切が仏恩に浴するように」と望んでおられることが、よく伝わってくる詔です。

＊

そして、大仏制作という大仕事を担ったのが、仏師・国中連公麻呂《くになかのむらじきみまろ》（？～七七四）でした。彼のすぐれた手腕は、『続日本紀《しょくにほんぎ》』という公式記録で絶賛されているくらいです。もともとの中国の大仏は岩場を彫ったものですが、東大寺の大仏は素材がブロンズで、大変な技術を要する大事業です。

大仏建立を成し遂げた国中連公麻呂は、大いに称賛されていいはずです。ところが、なぜか国中連公麻呂の名は歴史であまり語られていません。国中連公麻呂は、もっとクローズアップされていい存在です。

国中連公麻呂の作品は、東大寺法華堂の『日光《にっこう》・月光菩薩《がっこうぼさつ》像』、東大寺戒壇堂《かいだんどう》の『四天王像』などが残っていますから、その見事さは容易に推測されます。それに加えて、その形象類似から唐招提寺の目を閉じて沈思する『鑑真《がんじん》像』、それとは対照的な法隆寺夢殿の目を見開いた『行信像』があります。さらに新薬師寺の『十二神将像』、聖林寺の『十一面観音像』、観音寺の『十一面観音像』も彼の作と考えられます。

これらの仏像は神々しさに加え、動と静をあわせもつ安定した姿をしています。「静かなる偉大さ」「高貴なる単純」と評される、ギリシアの古典彫刻に共通する特徴が明らかです。

*

すでに秦《はた》氏のことは述べましたが、大仏建立にも秦氏が関わっています。天平十九（七四七）年、東大寺建立にあたり、秦氏の建立した宇佐神宮から使者が現れて、建立を祈願しています。

国中連公麻呂が大仏を完成させたのは、天平勝宝《しょうほう》四（七五二）年のことですが、この人物と建立に加わった人々も秦氏系が多かったことでしょう。

仏像に、最後に目を描き入れて完成させることを開眼《かいげん》といいますが、東大寺の大仏開眼の式典は盛大でした。インドの仏僧菩提僊那《ぼだいせんな》（七〇四～七六〇）が開眼式を取り仕切ったことでわかるように、国際的であったことも特徴です。

このことは、当時の世界における日本の政治的、文化的な位置をうかがわせます。

聖武天皇（当時は上皇）は、この開眼式に一人の仏教徒として参加されました。そのため、「インドや中国の文化に従った」と解釈する人がいますが、それは間違いです。本来、仏教は一人の人間としての悟りを促すものです。天皇であろうと一般庶民であろうと、一人の人間に変わりはありません。その重要性を、聖武天皇は自らお示しになったのです。

式典では、インド、モンゴル、中国、朝鮮などアジア各国の音楽と舞が披露《ひろう》されました。数百人の楽人、舞人による演奏は、さぞかし壮大なものだったでしょう。

東大寺・正倉院《しょうそういん》には、聖武天皇と光明《こうみょう》皇后（七〇一～七六〇）の愛用品が数多く収められています。楽器、伎楽《ぎがく》面、服飾品などといった工芸品の多くは、中国、西アジア、中央アジアなどのものです。それらも秦氏系の人々がもってきたと考えられます。

もともと、唐という国は漢民族ではなく鮮卑《せんぴ》族の国で、中央アジアの文化が色濃い国だったため、その影響もあるのでしょう。この時代は、実は非常に国際色豊かだったことがわかります。

＊

大仏（廬舎那仏）はその後、治承《じしょう》四（一一八〇）年に平氏の攻撃で焼失しました。しかしそれがどんなに見事な大仏像であったかは、『信貴山縁起絵巻《しぎさんえんぎえまき》』の大仏の図からうかがうことができます。

国中連公麻呂の仏像を見ると、彼が見事な写実以上の深い人間表現を行っていたことがわかります。私は、この仏師を日本のミケランジェロと呼んではばかりません。日本のミケランジェロ、国中連公麻呂にもっとスポットライトを当てなければなりません。

参考文献：拙著『天平のミケランジェロ――公麻呂と芸術都市・奈良』（弓立社）

16　奈良時代の文化は、古代ギリシアやルネサンスに匹敵する世界の古典である！

◉「和」の精神による文化創造が日本の歴史をつくった

日本に、欧州における古代ギリシアやルネサンス時代のような古典時代があったことは、日本史を語る上で欠かせません。奈良時代は世界の美術史上から見ても、もっとも豊かな彫刻美術を生み出した時期となっています。

東大寺の大仏など、奈良時代の建築、彫刻群の素晴らしさは、聖武《しょうむ》天皇、光明《こうみょう》皇后両陛下の存在のもと、国中連公麻呂《くになかのむらじきみまろ》、将軍万福《まんぷく》などという彫刻の天才がその才能を発揮していたからです。

また、東大寺、興福寺、法隆寺に保存される「天平彫刻」は、日本の彫刻史上に古典として位置づけされるだけではありません。世界の彫刻史上もきわめてすぐれた作品群であり、そのような意味では輝かしい時代なのです。

それらは単に仏教の図像を表現したものではなく、普遍的な人間性の表現があり、図像の知識がなくても見る者の心を打ちます。このことは、イタリアのルネサンス期の絵画や彫刻が、キリスト教の知識がなくても、芸術作品として人の心を打つのと同じなのです。あるいはギリシア時代の彫刻を考えてもいいでしょう。人間性の表現として、天平彫刻は古代ギリシアの彫刻に近いのです。

天才仏師・公麻呂が生きた奈良時代には『万葉集』も編纂されました。『万葉集』は江戸時代になって再評価されるまで、実に数百年の間、『古今和歌集』『新古今和歌集』の陰に隠れ、無視されていました。契沖《けいちゅう》（一六四〇～一七〇一）、賀茂真淵《かものまぶち》（一六九七～一七六九）などの国学者によって再発見され、初めて国民的文学として広く知られるようになったのです。

青丹《あをに》よし　奈良の都は　咲く花の　にほふがごとく　今盛りなり
（奈良の都は咲く花が美しく照り映えるように、今が真っ盛りである）

『万葉集』のこの歌は、躍動する奈良の情景を伝える、この時代にふさわしいものといえるでしょう。奈良では日ごと、つち音が鳴り響き、次から次へと強大な屋敷や建物が出現していきました。

質的には東西古今の名作に勝るとも劣らぬ作品が生まれた、八世紀の奈良時代。飛鳥時代に散在していた興福寺や飛鳥寺、大安寺といった大きな寺院が、新都である奈良・平城京へ移され、新都は「今盛りなり」だったのです。

その精神生活に結びついて美術が創造され、その時代にふさわしい職人たちの中から、独自な創造力をもつ芸術家が生み出されるのです。

芸術は都市が生み出す、といってもあながち間違いではないでしょう。十五世紀のフィレンツェという都市が、レオナルド・ダ・ヴィンチやミケランジェロ、そしてラファエロなどの巨匠《きょしょう》を生み出したのはその典型といえます。

＊

『古事記』（七一二年）、『日本書紀』（七二〇年）により、国家の歴史が認識され、『万葉集』によって人々の文学性が開花し、聖徳太子の思想や法相宗《ほっそう》の唯識論《ゆいしき》によって日本人の精神が理解されるようになると、その芸術は一気に深化していったのです。

こうした日本の、飛鳥時代から奈良時代にかけての文化史は、ギリシア文化史、ルネサンス・イタリア文化史に匹敵するものになったのです。

日本文化が大きく花開いた奈良の時代、聖徳太子のいう「和」の精神は広まっていました。人間のことですから、もちろんこの時代にも怨恨《えんこん》や争いもありました。しかし、歴史を否定的に見て、そのことを過剰に取り上げるような史観はもう終わりにしなければならないと思います。

人間の間に争いはつきものでも、それを超える「和」の精神と文化創造があれば、争いなどは小さなことにすぎません。ギリシア文化が花開いた古代ギリシアも、ルネサンス文化が花開いたルネサンス期のイタリアもそうでした。

この時代に触れるのは、日本の歴史を語る喜びでもあるのです。

参考文献：拙著『天平のミケランジェロ――公麻呂と芸術都市・奈良』（弓立社）、『国民の芸術』（産経新聞ニュースサービス）、『天平に華咲く「古典文化」――続・「やまとごころ」とは何か』（ミネルヴァ書房）

17 万葉の歌人・大伴家持の歌はなぜすぐれているのか？

◉『万葉集』の歌が現代人の心をとらえる理由

『万葉集』は世界に類のない詩歌集です。その理由としては、作品と作者の数の多さ、作者の層の広さ、詩型の多様さ、語彙《ごい》の豊かさ、題材の豊富さ——いくら強調してもしすぎることはありません。

約千三百年前に編まれたこの詩歌集が、いまも多くの人の心をとらえて放さない理由の一つは、全編に躍動している真の意味での個人主義ではないでしょうか。

そのことを『万葉集』の編者と目され、全体の約十分の一と、もっとも多くの歌が収録されている大伴家持《おおとものやかもち》（七一七～七八五）の作品を通して見ることができます。

「うらうらに　照れる春日に　ひばりあがり　心悲しも　独りし思へば」

「独りし思へば」ですから、まさに自分個人の感情を詠《うた》っています。個人主義は「近代」になって出てきたもので、「古代」にはなかったと考えられがちですが、そうではありません。どんな時代にも個人主義はあったのです。そうでなければ、このような個性豊かな作品が生まれるわけはありません。

「ひさかたの　雨の降る日を　ただ独り　山辺に居れば　いふせかりけり」

「いふせかりけり」は、いまは使わない言葉ですから難しいかもしれませんが、「うっとうしい」という意味です。つまりメランコリーの歌なのです。「雨の降る日に山辺に一人こもっていると、心が晴れず憂鬱《ゆううつ》だ」という意味になるでしょう。

さて、大伴家持には、これらとはまったく趣の異なった歌もあります。

「海行《ゆ》かば　水漬《みづ》く屍《かばね》　山行かば　草むす屍　大君《おおきみ》の　辺《へ》にこそ死なめ　かへり見はせじ」

この歌の成り立ちには戦時に聖武《しょうむ》天皇を想う家持の心情が吐露されています。これは実をいうと大仏建立の材料としての金が足りないことを苦慮していた聖武天皇が、陸奥《むつ》の小田郡で金が出土したという報を受け、その金が朝廷に献上されたときに詠われたものです。

聖武天皇は黄金出土の喜びを述べ、神仏のすぐれたしるしを畏《かしこ》み、皇祖の恵みに感謝し、それに仕えた多くの大臣、その子孫、特に大伴、佐伯《さえき》の両氏を名指しした「陸奥国出金勅書」と題された「宣命《せんみょう》」を読まれました。

大伴氏の名が呼ばれたことに家持は感激し、聖武天皇の幸運を喜んで書いたのが「陸奥の国に金を出す詔書を賀《ことほ》く歌一首」という長い歌です。そこに含まれている言立てが、

「大伴の　遠つ神祖の　その名をば　大久米主と　負ひ持ちて　仕えし官　海行かば　水漬く屍　山行かば　草生す屍　大君の　辺にこそ死なめ　顧みはせじ」

なのです。

この歌詞をもとにつくられたのが、戦時中に盛んに愛唱された「海行かば」です。「戦争で悲惨な死を遂げることがあっても、天皇のために命を捧げる、それを悔やんだりはしない」という意味になります。

歌を見れば明らかなように、大伴家持の心情は個人主義だけではありませんでした。「天皇を中心とした共同体のために命を投げ出しても全力を尽くす」という気持ちももっていたのです。

人間として共同体の中で生きている、共同体と自分は一体であるという感覚であり、感情であり、精神なのです。それは日本の歴史が培ったものであり、そういう精神を備えているのが日本人であるということができます。

個人だけに凝り固まってほかのことはまったく考えないという現代の個人主義は、本当の意味での個人主義ではありません。

「自分」という個人を大切にしたいなら、その自分を生かしている「共同体」を大切にして、共同体のために力を尽くしていく。それが本当の意味での個人主義でしょう。

古代人である大伴家持は、そうした気持ちをもっていたのです。そして、この気持ちは現代人も変わりません。「古代人」というと、現代人とは違う別の人間のように思いがちですが、そうではありません。古代人も現代人も同じ人間です。『万葉集』の歌が現代人にもよくわかり、心に響いてくるのは同じ人間だからなのです。

聖武天皇の崩御《ほうぎょ》は、家持が三十九歳のときでした。そのとき「族《やから》を諭《さと》す歌」と題した歌を遺します。

そして四十二歳で最後の歌を詠ってから六十八歳で没するまで、家持は歌を断つのでした。おそらく、歌を詠うモチベーション、基本的動機は、聖武天皇の崩御をきっかけに失われたのでしょう。

幼少から身近に感じた存在、父のような、祖父のような偉大な存在で、ことあるごとに国民のことを気遣い、家持のことを見てくださるような畏《おそ》れ多い存在である聖武天皇の崩御に、歌人としての家持は殉死《じゅんし》したといえるのです。

参考文献：拙著「歌の殉死」『天平に華咲く「古典文化」——続・「やまとごころ」とは何か』（ミネルヴァ書房）、『天平のミケランジェロ——公麻呂と芸術都市・奈良』（弓立社）

18 運慶の傑作「無著」は西行がモデルだった！

◉物言わぬ美術作品が物語る真実

仏師・運慶《うんけい》（?～一二二三）によるたいへんすぐれた彫刻、「無著《むちゃく》」と「世親《せしん》」の立像は、現在、法相宗《ほっそうしゅう》の大本山である興福寺《こうふくじ》（奈良市）に置かれています。

興福寺は、平安時代末期の治承《じしょう》四（一一八〇）年に平家の武将・平重衡《たいらのしげひら》が奈良（南都）の仏教寺院を焼討にした「南都焼討事件」により、近隣の東大寺とともに焼失してしまいました。

東大寺の再建には、西行《さいぎょう》（一一一八～一一九〇）が「勧進（資金を集める）僧」として全力を傾注し、また、運慶を中心とした慶派の仏師たちも積極的に参加しました。そのとき運慶に、興福寺から法相宗の源流といえる系統のインドの高僧「無著」「世親」兄弟の肖像制作が依頼されたのです。

運慶自身、興福寺の仏師であったため、この二人の始祖の考え方をよく知っていたのでしょう。

法相宗の考えとは、唯識《ゆいしき》論で、人間の心を深く洞察したもので、人間には八識があり、眼耳鼻舌身意といった感覚的な意識だけではなく、その背後で働く自意識、第七識の末那《まな》識《しき》、さらに第八識に宇宙の意識を説く阿頼耶識《あらやしき》という相があると説いています。

このような人間の深さを認識している人物としても無著を心に描いていた運慶は、力を惜しまず勧進に奮闘する西行の姿を思い起こし、その姿を無著像に重ねたのではないか、と私は類推しています。

＊

鎌倉時代に描かれた西行の肖像画（ＭＯＡ美術館所蔵）があります。その姿は、袈裟《けさ》を着た法衣《ほうえ》の老僧として描かれています。これが西行だとわかるのは、肖像画の上部に、「月の色に　心をきよく　染ましや　都を出ぬ　我身なりとは」という西行の歌の色紙形があるからです。最後の句は、正しくは「我が身なりせば」で、「自分が都を出ることが無かったら、月の色にこれほど心が青く染まったであろうか」と詠《うた》っているのです。

国宝・無著像（奈良県奈良市興福寺所蔵　撮影：飛鳥園）

西行像（静岡県熱海市MOA美術館所蔵）

この肖像画を無著の仏像と比較しても、頭、顔、眼の大きさ、鼻、口の形などが酷似しています。

勧進で得た寄進物をもつ左手を右手で支え、威厳と悲しみの表情を浮かべて歩いている無著の姿が描かれたこの仏像は、非常にすぐれた肖像彫刻です。その姿は、西行と同一人物と考えるほかないほど肖像画とよく似ているのです。

無著像がつくられたのは建暦《けんりゃく》二（一二一二）年で、西行の死後二十年以上経っていますから、おそらく運慶の中で理想化されたものと考えられます。

しかし、無著像のモデルが西行だとすると、歌人らしい繊細さや神経質な様子があまり見られません。あるいは思慮深い武士のような、隙のない顔つきとも思われる、いかにも堂々とした、品格さえ感じられる仏僧の姿です。

絵画の西行も朴訥《ぼくとつ》な武士のようで、これも歌人には見えません。そのため、「インドの見知らぬ無著という僧の想像上の姿を、西行に被せることはできない」と思われる方もいるでしょう。

しかしその写実的な個性表現から、この無著像こそ、運慶が見た西行の真の顔、真の姿であったといえるのです。西行は、歌人・仏僧になる前は武士でした。

鎌倉時代の建築や彫刻をリードしたのは、運慶らを輩出した「慶派」といわれる奈良仏師たちでした。東大寺や興福寺の再建には運慶も参加し、多くの仏像を制作しています。

その表現には平安時代の他力本願を旨とする浄土教ではなく、天平や奈良時代の自力本願的な古い仏教の影響が見られます。

要するに慶派の仏師たちは天平時代の古典彫刻を学び、その研究を踏まえた上で、作品に写実性と躍動感を与え、仏教彫刻に新しい風を吹き込んだのです。

運慶はその卓越した洞察力と表現力で、無著像を西行に重ねたのでした。

他方、「世親像」は、神護寺《じんごじ》（京都高尾山）にある『文覚上人像《もんがくしょうにん》』によく似ています。眉間《みけん》に二本の皺《しわ》があり、頬骨《ほおぼね》が張った顔、優しい目、四角い顎《あご》などそっくりです。文覚上人は保延《ほうえん》五（一一三九）年に生まれ、建仁《けんにん》三（一二〇三）年に他界されています。西行と同じような武士から僧侶になった人でしたが、源頼朝《みなもとのよりとも》や後白河《ごしらかわ》法皇の庇護《ひご》を受けて、神護寺、東寺、高野山根本大塔《こんぽんだいとう》、東大寺など各地の寺院の再建、修復の勧進を行いました。この勧進役という点でも西行に似ています。

『愚管抄《ぐかんしょう》』（慈円《じえん》作・一二二〇年頃）では、文覚は乱暴で学識などないと書かれていますが、その素直さに運慶はかえって人間性の魅力を感じたのでしょう。『平家物語』では、巻五に、海の風をしずめる法力のある修験者《しゅげんじゃ》として書かれています。その優しい、柔和な顔に秘めた強い意志を感じたに違いありません。

文覚は東寺・南大門の仁王様を運慶と湛慶《たんけい》に新造させたのでした。運慶は、文覚上人のその熱心な仏像再建に関わる姿に、自らを励ます慈悲顔を見たことでしょう。こうして、無著＝西行、世親＝文覚上人と、徳の高い二人の僧侶に、尊敬する法相宗の開祖たちの姿を重ねたのでしょう。

参考文献：拙著「勧進の聖たちと仏教の展開」『鎌倉文化の思想と芸術――武士・宗教・文学・美術』（勉誠出版）

19 元寇の勝利は世界史に大きなインパクトを与えた！

◉元との戦いが日本の名を高めた

十三世紀のはじめ、モンゴル高原に帝国を築いたチンギス・ハンはその領土を広げ、アジアだけでなく、ヨーロッパの一部にまで進出していきました。

国号を元《げん》と改め、都を大都《だいと》（現在の北京）に定めた五代皇帝フビライ・ハンは、日本をその配下に置こうと、属国の高麗《こうらい》を使者として立てて迫ったのです。

朝廷と執権・北条時宗《ときむね》は当然のことながらこれを拒否します。すると文永《ぶんえい》十一（一二七四）年、高麗兵を含む約三万の兵を引き連れた元軍が対馬《つしま》、壱岐《いき》に押し寄せ、さらに北九州に上陸しました。

これに対し、九州各地から集まった御家人《ごけにん》たちは勇敢に立ち向かい、敵軍を退却させました。この勝利には、折からの暴風雨も味方しました。

元の攻撃はそれで終わったわけではありません。弘安《こうあん》四（一二八一）年に十四万の大軍を率いて再び北九州を襲ってきたのです。しかし戦いがはじまってから約二カ月後、元軍はまたもや暴風雨に遭い、引き揚げざるを得なかったのです。

こうして日本は、元軍の侵略を防ぐことができたのです。この二度にわたる元との戦いを「元寇《げんこう》」といいます。

＊

日本に二度までも敗れた元軍ですが、西方では連戦連勝で、現在のポーランドやハンガリー、トルコ、イスラエルまで進軍しました。そんな、世界中で恐れられていた元軍を東方の日本が打ち破ったことは、たとえ暴風雨が味方をしたとはいえ、大変重要なことです。

このモンゴルが、初めて世界の東西をつなげ、世界史をつくり出したとよくいわれますが、日本はこのとき世界史の中に堂々と登場したといっていいでしょう。有名な『蒙古《もうこ》襲来絵詞《しゅうらいえことば》』にあるように、まさに元軍を撃破したその戦力は、すでに世界有数であったことが実証されたといってもいいのです。

日本は、明治期の日露戦争で初めて世界に強い姿を現したわけではなく、すでに十三世紀にその強さを世界に示していたのです。マルコ・ポーロが『東方見聞録』で西洋に伝えたジパングの存在は、その反響の一つだったのです。

＊

元との戦いが日本の歴史に与えた影響は、非常に大きなものでした。

日本は自然に恵まれた農業国で、遊牧民のように戦いを恒常化しているわけではありません。土地をめぐる武士の間の小競り合いはありましたが、日本の国土が主戦場となる外国との全面的な戦いは未経験でした。平安時代は三百年、のちの江戸時代は二百六十年という長い平和な時代が続きますが、戦争がないことが常態だったといっていいでしょう。

元軍が攻めてきたとき、いかに防ぐかという中で強い団結力が生まれました。この団結力が、日本の国家観を非常に強く彩っています。

暴風雨によって元軍が退散したというのも、自然を味方にした結果なのです。さらに、勝利したからといって、敗走する元軍を追い朝鮮を占領するとか、あるいは勢いを駆ってモンゴルまで攻めて行くようなことはしませんでした。これは、日本の戦争に対する原則で、侵略に対して自己防衛でとどめるのが日本なのです。

この国土防衛の態度は、自然に対する態度とよく似ているといえるでしょう。受け入れて防ぎ、侵害しようとしない――こうした受け身の態度は、日本人の生き方の原則になっています。元軍という、当時の世界最強の軍隊を撃退する中に、日本人のあり方が鮮明に出ているといえましょう。

しかし戦いに勝利したとはいえ、蒙古襲来によって国内経済は混乱し、武士に対する恩賞が与えられなかったことで、幕府の信用は著しく低下しました。

元寇は、その支配に陰りが見えはじめていた鎌倉幕府に引導を渡した、といってもいいかもしれません。だからといって、この日本の勝利は、西洋世界でも知られ、マルコ・ポーロの「日本が黄金の国」とする「東方憧憬」を現実的な存在にしたと考えられます。

参考文献：拙著『日本の戦争　何が真実なのか』（育鵬社）

20 ユダヤ人僧侶ソテロの徳川転覆計画があった⁉

◉スペインは日本を占領しようとしていた⁉

慶長遣欧使節《けいちょうけんおう》についてはこれまで、徳川家に反抗した伊達政宗《だてまさむね》の単独での企《くわだ》てだといわれていますが、はたしてそうでしょうか。

この使節には、徳川家と昵懇《じっこん》だった、スペインからフィリピン経由で来日していたベアト・ルイス・ソテロ（一五七四〜一六二四）というユダヤ人が一枚噛んでいるのです。

当時、イエズス会であろうと、イタリア人、あるいはスペイン人であろうと、日本では「南蛮《なんばん》」あるいは「耶蘇《やそ》会」と呼び、キリストの宣教師として受け入れていました。

ところが、それ以後の歴史をより考えると、彼らの多くはユダヤ人だということがはっきりしてきました。ユダヤ人は国をもたない民の集団ですが、この「国をもたない」ということは、「他国を転覆させる」という考えにもつながります。そんな彼らが日本に挑戦してきたのです。

＊

この頃の日本は、豊臣《とよとみ》家と徳川家康が覇権を争っていました。その家康の下にはイギリス人のウィリアム・アダムス（三浦按針《あんじん》：一五六四～一六二〇）、オランダ人のヤン・ヨーステン（耶楊子《やようす》：一五五六？～一六二三。現在の八重洲という地名は彼の名にちなんだもの）がいました。

そこに英蘭の敵国であるスペインのベアト・ルイス・ソテロが加わったわけです。マニラでフランシスコ派として布教活動をしていたソテロは、アクーニャ総督の訪日使節の代理として来日しました。

ソテロは家康と秀忠の知遇を得、徳川家に深く入り込み、通訳、通史として活躍しました。フィリピン総督を日本に案内するなどしましたが、このソテロには日本を、フィリピンのように占領しようという計画をもっていた可能性があります。

＊

スペインから、メキシコを通してセバスチャン・ビスカイーノ（一五五一～一六一五）

の使節が一六一〇年に来日しました。この使節が何をしたかというと、金銀豊かな島を探していたわけです。マルコ・ポーロ以来、日本は金銀の国である、金の国であるということが彼らの認識としてあったからです。

その情報を信じたコロンブス（一四五一？～一五〇六）が、航海の中でアメリカ大陸を発見することになったのですが（一四九二年）、ビスカイーノもコロンブスと同じ気持ちで日本にやってきました。「場合によっては、金銀豊富な日本を植民地にしてやろう」という意図を非常に強くもっていたのです。

日本のどこに金銀があるかを探る役割で来日した使節を、そうとは知らず徳川が受け入れてしまったのです。たとえば秋田から長崎までの沿岸測量を求められた家康はそれを許可しています。他国の地形を詳しく把握するということは、侵略への第一歩です。そのとき協力したのがソテロでした。

家康は一六一三年にキリスト教布教を全面的に禁じたため、スペインと直接交渉することはできません。しかし一方でヨーロッパの情報を知りたいし、通商もしたい。そのために三浦按針（ウィリアム・アダムス）などを使うわけですが、スペインの情報もほしい。

ビスカイーノ、あるいはソテロ側は、徳川幕府、つまり日本を動かしたいという隠れた野望をもっていたのです。そこで、徳川幕府を動かすために利用できる人物として伊達政宗に目をつけました。

伊達の仙台藩は非常に豊かなところで金銀もある。歴史をさかのぼると大仏建立の際も仙台藩が金を提供したという由来もあり、平泉もまさに金色堂があるわけです。ですから、外国人からは「東北には金銀がある」と認識されていました。それでソテロが伊達に入り込んだのです。そしてサン・ファン・バウティスタ号という船を建造させました。ソテロの主導でスペインやローマに行ったのが、慶長遣欧使節です。

◉三浦按針によって潰えたソテロの野望

サン・ファン・バウティスタ号に関してはこれまで、三浦按針はほとんど関係ないと思われていましたが、実は三浦按針は使節が出発する前に、政宗に贈り物をしていることがわかりました。つまり伊達政宗と三浦按針とは接触があり、按針は使節について知っていたということになります。

按針はおそらくソテロの野望、あるいはスペインの日本の植民地化という隠れた野望を察知し、それを潰しにかかったと思われるのです。

一六一三年、ソテロはサン・ファン・バウティスタ号で、ビスカイーノの使節とともにメキシコ、スペイン、ローマに渡ります。伊達家の家臣である支倉常長《はせくらつねなが》がスペイン国王、ローマ法王に謁見《えっけん》するまでになりました。一介の東北の武士が、もちろん家康の意を汲んだ伊達政宗の後ろ盾があるとはいえ、ヨーロッパの権力者に会い、欧州の情報を得ることができたのです。支倉はヨーロッパの情報を集めるという、ある種のスパイをするという役割も帯びていたのです。

サン・ファン・バウティスタ号に乗った百八十人のうち、百五十人が日本人で、そのほとんどが通商のためにメキシコに残りますが、ヨーロッパに渡った二十人のうち、通商目的の使節は三人でした。ローマのクイリナーレ宮の壁画で、支倉とソテロの姿が確認できます。

＊

つまり、伊達政宗はスペインを受け入れ、スペイン人あるいはキリシタンを利用してサ

ローマのクイリナーレ宮殿の広間に描かれた慶長遣欧使節。頬杖をつく支倉常長が、ソテロの説明を聞きながら広間の人々を上のバルコニーから眺めている様子。

ン・ファン・バウティスタ号というヨーロッパ軍艦・ガレオン船を建造した。そのようなことははっきりとは手紙には書いてありませんが、ソテロは政宗が徳川に代わる力をもっているということをスペイン国王やローマ法王に伝えています。

ソテロは徳川に入り込み、さらには伊達政宗を利用して内々に日本の転覆《てんぷく》を目論《もくろ》んでいたと考えることができるのです。しかし伊達政宗にはその気はまったくありませんでした、それはソテロにもわかっていたようです。

慶長遣欧使節が帰国した一六二〇年、すでに大坂夏の陣（一六一五年）に勝利した家康は没しており（一六一六年）、二代将軍秀忠によって、中国以外の外国船の出入は平戸と長崎に限定されていました。

慶長遣欧使節に同行したソテロはその帰り、マニラにとどまりましたが、一六二二年、薩摩に潜入しようとして捕縛されます。そして一六二四年に火刑に処され、その生涯を終えたのです。

参考文献：拙著「徳川家康の西洋外交」『日本国史学』（第十号・平成二十九年六月）

21 城は戦のためだけにあらず！

◉建築美が追求された日本の城

日本各地で、その威容を誇る城。もちろん築城当初は各地方の領主による軍事目的であることは承知していますが、江戸時代に入ると日本の城は「美」を目的としてつくられた、と私は考えています。

大坂冬の陣で徳川勢の激しい攻めに耐えた大坂城は堅城《けんじょう》（守りの強固な城）として知られる名城です。そのように、戦に備えられた大坂城ですが、一方で美しい庭があり、内部には数多くの絵画が飾られていました。

この大坂城に限らず、日本の城は西洋の堅牢《けんろう》で抑制された軍事要塞《ようさい》とは異なり、その姿が晴れやかなのです。

＊

日本の城郭《じょうかく》建築は、戦国時代に軍事的な目的で建てられたと思われています。しかしその機能について知るにつれ、それだけではないことに気づかされるのです。

そもそも、戦乱の世に巨大な木造建築を建てること自体、防火対策上、矛盾《むじゅん》していますし、遠望するために高い建造物を建てわざわざ華麗な天守閣を据《す》える必要などありません。山の上に高い櫓《やぐら》を建てればすむことでしょう。もし物見の塔であるならば、眺めている者自身も周囲から見られるという、奇妙な開放性が生じます。

単に戦争のためなら、これほど不経済な建物はないのです。

城のあの美しい天守閣が出現したのは戦国時代の末期で、現存している遺構は、いずれも戦いの時代が終了したあとのものです。つまり、もうそれほど戦う必要がなくなったあとに天守閣が現れているのです。

現在残っている日本の天守閣のある城で最大なものは姫路城です。この城は関ヶ原の戦いで徳川方についた池田輝政が姫路五十二万石を領し、慶長六（一六〇一）年から八年間を費やして築城したものです。

＊

また、今日の市庁舎やビルなどは非常に画一的ですが、それとは対照的に、全国の城はみな姿が異なっています。軍事目的だけであるのならば、優秀な機能を備えた城を模倣《もほう》し、ある意味みんな画一化するのが当然でしょう。

幕末の函館《はこだて》の五稜郭《ごりょうかく》などは機能的建造物の好例です。五稜郭の稜堡《りょうほ》式城郭は、十六世紀のヨーロッパではじまったもので、大砲の飛躍的発達に対抗するためのものでした。高い天守閣などなく、これこそ戦争にふさわしいつくりといえます。しかし日本の城には、このような形式はありません。

＊

「シロ」という訓読みは、「領域を区切る」という意味です。それは「領＝しり」から来ており、「領有して他人に入らせない」という意味があります。つまり、城には濠《ほり》をつくって建築を守るという意味があるので、都市や人々の集落までは守りません。領主の象徴的な建物としての城なのです。

城下町は形成されますが、そこには周りを取り囲む都市としての形態はありません。こう見てくると、城が都市に取り込まれるわけでもなく、それ自体がその地域の領主の権威として、あるいは中心としての建物であり、戦争のための建築ではないことがわかります。
その意味でも、日本の城はあくまで、天にそびえる建築のための建築という面が強いといえるでしょう。たしかに地域を領している「シロ」ですが、そこには領主の独自の文化の結晶を見ることができるのです。

日本を統一した織田《おだ》信長の安土《あづち》城の建築、さらにそれに次ぐ豊臣秀吉の大坂城などの造営とともに、全国の大名の城建設ブームが起こり、日本各地に城はつくられていきました。信長と秀吉の城より大きな城をつくることは禁じられていましたが、各国の大名が各地でその勢いを城に託し、威光を示したのです。

たしかに、城には軍事的工夫が多々設けられています。押し寄せる敵兵に弓矢や銃弾を浴びせるための小窓「狭間《さま》」、侵入した敵兵の頭上に石を落とす「石落とし」、敵兵の様子をうかがうための「物見の窓」などです。

しかし、当時の大名にはすでに、信長・秀吉によって戦国時代は終息に向かっているという認識があり、軍事施設もある意味で飾りになりつつあったのでしょう。

美しい天守をもつ姫路城（世界遺産　兵庫県姫路市）

姫路城につくられた狭間と石落とし

一つは「天守閣」です。

興味深いのは江戸城です。徳川家康によって建てられた江戸城は寛永年間に国内一の規模の天守閣が完成して偉容を誇っていました。しかし、明暦の大火（一六五七年）で消失してしまい、二度と建てられることはありませんでした。全国にお城があり、軍事的目的や徳川の威光のためであれば急いで再建せねばなりません。しかし江戸幕府はそれを見送りました。「美しい」本丸富士見櫓を天守代用櫓として、天守閣再建を見送ったのです。

ですから城は、各大名の「美」を追求した建築物だという解釈も可能なのです。

参考文献：拙著『国民の芸術』（産経新聞ニュースサービス）

22 オランダ人画家フェルメールの絵が日本人に好かれる理由とは？

◉国どうしの貿易は芸術をも高めた

日本人はフェルメール（バロック期を代表するオランダの画家：一六三二～一六七五）が大好きです。日本で初めての「フェルメール展」は二〇〇〇年の「フェルメールとその時代展」（大阪市立美術館）ですが、このときは六十万人の観客を動員しました。さらに二〇〇八年に東京都美術館で開かれた展覧会では九十三万人、二〇一八年から二〇一九年に開催された上野の森美術館と大阪市立美術館での展覧会の入場者は百万人にものぼりました。

ただ日本人は、フェルメールが日本文化から影響を受けたとは誰も考えません。オランダの街らしい風景、室内の人間たちの佇《たたず》まいはまさに遠いオランダの風俗しかないと感じています。しかし歴史を考えれば、日本は唯一オランダだけと貿易していた時代です。日本は長崎を通じて西洋の文物を輸入し、そこから西洋の医学から絵画の遠近法まで学んでいたのです。一方で、日本からオランダへ輸出された文物もあります。

フェルメールの『天文学者』『地理学者』をよく見てみましょう。そこに描かれているガウンは「ヤポンセ・ロック」と呼ばれていました。「ヤポンセ」とは「日本」、つまり日本の和服の羽織です。当時、日本の文物がヨーロッパにもたらされ、日本の影響が強く、社会的な一種のステータスになっていたのです。

＊

フェルメールと日本との関係を見る際に重要なことは、十七世紀のオランダと日本との貿易です。東インド会社を設立したオランダは、日本からの銀をうまく利用し三角貿易で大いに栄えました。

長崎の出島で、オランダだけが日本と貿易したことが非常に大きかったのです。それがフェルメールらの黄金時代と重なります。

私たちは日蘭貿易というと、一方的に長崎の出島で生活をしているオランダ人だけを思い浮かべますが、オランダのほうでは日本にもっと深い影響を感じていたのです。日本人、あるいは東洋人の姿に深い関心を寄せていたのです。

不思議な帽子をかぶっている『フルートを持つ女』や『赤い帽子の女』の女性の顔は、いずれも東洋人風の面立ちをしています（あるいは同一人物かもしれません）。さらには『青いターバンの少女』『ヴェールの少女』といった少女たちの顔も東洋人風です。『青いターバンの少女』のターバン自体、中東のコスチュームです。

フェルメールの代表作『青いターバンの少女（真珠の耳飾りの少女）』

＊

また、『青いターバンの少女』が別名『真珠の耳飾りの少女』と呼ばれるように、フェルメールの描く女性は真珠をつけているケースが多いのですが、真珠にも意味があります。

真珠が東洋人風の女性に重なって出てくるということは、フェルメールが真珠に対して東洋からやってきたものという認識があったことにほかなりません。『赤い帽子の女』も真珠をつけていますが、顔は目が細く、中国人あるいは日本人を意識しているにちがいありません。

これらの作品のいずれの女性も、切れ長の目をした平らな顔の少女たちです。

おそらく日本人がオランダに行き、フェルメールの目に触れていたことが想像できます。つまり、オランダ人が一方的に来日してくるだけではなく、日本人もまたオランダへ行っていたことが考えられます。

江戸幕府は日本人の海外渡航を禁止していましたが、日蘭貿易という大規模な商取引が行われているのですから、通訳なり船員なりが日本からオランダへ行っている可能性は高いのです。日本からは着物や織物が行っていたのは確かです。

◉日本人のような自然観をもっていたオランダ人

また、日本で人気の高い風景画作品の一つが『デルフトの眺望』ですが、それは日本の風景と無関係ではありません。

『デルフトの眺望』の絵は、半分以上、空を描いています。この、半分以上を占める自然

日本人好みのフェルメールの風景画『デルフトの眺望』

空間こそが、日本人がこの絵を好む理由といっていいでしょう。

空のほとんどの部分が雲に覆われています。灰色の雲が最上部にあり、白い雲が続きますが、いかにも自然そのものといった感じです。

そんな「自然との調和」がいつの時代でも図られてきた国が日本です。古来、豊かな自然に恵まれ、親しんで暮らしていくことができました。フェルメールの空には自然に対するあつい信仰と感じられるのです。

つまり、絵の半分以上を空として自然の光を描いているという感覚に対し、日本人はフェルメールと精神的につながり、強い親しみを感じるわけです。

＊

西洋の伝統的な自然観は、人間と対立する背景にすぎませんでした。神に対して自然は野蛮な存在だったのです。自然は人間によって支配されるという考え方が強いのです。

日本人は自然というものを「自《おのずか》ら然《しか》り」、「自然《じねん》」という考え方をして見ています。物事は何かしら外からやってくる別の原因、別の事由があって動くものではない、という考え方です。

フェルメールはオランダにあってこの『デルフトの眺望』で同じ精神を表しているのです。西洋的な考え方にとらわれていないため、日本人と響き合っているのです。

家屋や教会、塔などの建築物はすべて自然の空間の中に存在していること、そうした建築をつくっていく人間の営みそのものも、実は自然の中の一つの動きであるということを、フェルメールはその着物表現とともに身についているのです。

自然の光と同時に、人間そのものが自然によってつくられ、さらに家もつくられ、町もつくられているというのがフェルメールの絵画ですが、それは日本人にはあらかじめある考え方なのです。

その証拠に、オランダの名高いユダヤ人哲学者にスピノザ（一六三二〜一六七七）がいます。そのスピノザが、日本がキリスト教ではない国として認知していた言葉があり、彼自身も「自然」が「神」であるといっていたのです。あの『地理学者』『天文学者』のモデルがスピノザ自身であったという研究もあります。フェルメールは、その日本の着物を着たスピノザ像を通じて日本に尊敬の念を送っていたと思われます。

フェルメールは、東洋、特に日本のそうした精神性を、真珠や白磁器、絨毯《じゅうたん》などから感じ取っていたといえるのではないでしょうか。

参考文献：拙著『誰も語らなかったフェルメールと日本』（勉誠出版）

23 写楽は北斎である！

◉機智にあふれた筆名「あほくさい」と「しゃらくさい」

日本のアカデミズムにおける人文学の衰退は、美術研究にも現れています。葛飾北斎《かつしかほくさい》（一七六〇～一八四九）と東洲斎写楽《とうしゅうさいしゃらく》（生没年不詳）について見てみましょう。

北斎は「この千年で最も重要な功績を残した世界の人物百人」（一九九九年『ライフ』誌）に、日本人としてただ一人選ばれた偉大な芸術家です。一方の写楽といえば、その活動期間は十カ月ですが、印象に残る斬新な役者絵を発表し、その名を日本の芸術史にとどめている浮世絵師です。

しかし、北斎が写楽であるという「事実」がいまだに認められていません。そんなことは小さな問題と思われるかもしれませんが、こんな問題でも日本人としての代表ですから看過してはなりません。日本人の研究家には、残念なことにこれを解決する能力も見識もなくなっているのです。

＊

写楽が活躍したのは寛政《かんせい》六（一七九四）年の春からたったの十カ月で、百四十点以上の作品を残しました。その時期の北斎はといえば、「勝川春朗《かつかわしゅんろう》」という名で役者絵を描いていましたが、ちょうど写楽が出てきた十カ月間、何も描いてないのです。

もちろん、北斎に空白期間があるからといって、その間は写楽だったということはできないでしょう。別の該当者がいる可能性もあります。しかし、比較すれば一目瞭然《いちもくりょうぜん》ですが、写楽と春朗の役者絵は大変よく似ているのです。

あまりにも多いのでいちいち挙げませんが、春朗と写楽の絵で類似している作品は二十点以上もあります。このような同質性は、美術史において作者の同定（同一人物であると見極めること）に欠かせないポイントです。

その様式からも写楽が北斎（春朗）なのは明らかですが、「描いた資料が出ていないから」と、ほとんどの研究者が写楽は北斎であるということを認めようとしません。

現在の定説は、「写楽は能役者の齋藤十郎兵衛だった」という説です。しかしあのような描写力のある写楽の絵が、絵の素人である役者に描けるはずがありません。

さらに決定的な事実があります。それは二人の絵が同一の版木の裏表を使って刷られているということです。

＊

一九八七年、ボストン美術館所蔵のビゲロー・コレクションにある北斎作品が彫られた四枚の版木の裏から、写楽の絵が発見されたのです。表が北斎の狂歌絵本『東遊《あずまあそび》』（一八〇三年＝享和《きょうわ》二年）で、裏は写楽の相撲図『大童山文五郎《だいどうざんぶんごろう》の土俵入』（一七九四年＝寛政《かんせい》六年）です。写楽の相撲図が彫られた八年後に版木が再利用され、使っていなかった片面を北斎が狂歌図に使ったわけです。

同一版木を使っている以上、二人は同一作家である可能性は非常に高くなります。

さらに、写楽と北斎が同一人物であると指摘している史料が、実はあるのです。文政《ぶんせい》四（一八二一）年の『風山本浮世絵類考《ふざんぼんうきよえるいこう》』です。そこには「二代目北斎」が写楽であると述べられています。

同じ文政四年の『坂田文庫本浮世絵類考』には『隅田川両岸一覧』の筆者として写楽の

名が書かれていますが、『隅田川両岸一覧』は北斎が文化三（一八〇六）年、あるいは享和元（一八〇一）年頃に制作した三冊本で、北斎の傑作として名高い作品でした。

そのような作品を写楽作としているのは、北斎と写楽が同一人物であるという認定がなければ書けません。

この二つの『浮世絵類考』が同じ記述をしているということは、それが共通の話題として知られていたことになります。

*

北斎という人物は「北斎漫画」などの作品や、文章を読んでもわかりますが、ユーモアと機智に富んだ芸術家です。「北斎、写楽」は「阿呆《あほ》くせい、洒落《しゃらく》せい」という言葉を重ねてつけたと思われます。

葛飾北斎と東洲斎写楽とは同じ画家なのです。

参考文献：拙著『実証 写楽は北斎である』（祥伝社）、『「写楽」問題は終わっていない』（祥伝社新書）、『葛飾北斎 本当は何がすごいのか』（育鵬社）

24 ジャポニスムはなぜ西洋で大流行したのか？

◉北斎の浮世絵が西洋人画家たちの心に火をつけた

十八世紀後半、それまで上方中心だった日本の文化が、江戸で花開くことになります。特に美術において世界的な創造がなされたのです。

浮世絵《うきよえ》では多色刷りの版画「錦絵《にしきえ》」が生まれ、人気を得るようになりました。美人画に詩情を与えた鈴木春信、女性画の華麗な世界をつくり上げた鳥居清長、女性の何気ない仕種を表現して絵画の自立性を高めた喜多川歌麿《うたまろ》などです。

中でも巨人・葛飾北斎《かつしかほくさい》は風景画などで世界的にも質の高い作品をつくりました。名高い『富嶽《ふがく》三十六景』はじめ、『百人一首姥かゑとき』『諸國瀧廻り《しょこくたきめぐ》』（27ページ参照）など、奇抜な構図と色彩で人々を引きつけたのです。そこには、江戸初期に入ってきた西洋の遠近法や陰影法を消化した空間表現がありました。また、東洲斎写楽《とうしゅうさいしゃらく》と名を変え、人物の独特の性格や表情をとらえて描いた役者絵もすぐれたものでした。

ルネサンス時代に発見されたといわれる遠近法は、オランダを通じて日本に入ってきました。オランダから図鑑を含めた印刷本が日本に来たのです。それを司馬江漢《しばこうかん》や平賀源内《ひらがげんない》といった蘭学者たちが学び、浮世絵師に紹介しました。

そうした西洋画の研究を踏まえ、それを超える表現をしたのが北斎なのです。『富嶽三十六景』の有名な「神奈川沖浪裏《おきなみうら》」は、中間を省いて近景と遠景だけで描くという手法をとり、西洋の画家たちを驚かせました。また、歌川広重《ひろしげ》は北斎に学びながら『東海道五十三次』などの情緒的な風景画を描きました。

*

これらの浮世絵が十九世紀後半、万国博などの機会に西洋に渡り、「ジャポニスム」として西洋絵画に大きな影響を与えました。「ジャポニスム」は「日本趣味」などと簡単に訳されたりしますが、当時の芸術家たちに大きな影響を与えた「潮流」なのです。

「ジャポニスム」は、西洋人が日本の浮世絵に感心しただけという単なるエキゾチズムなどではありません。ジャポニスムは異国趣味ではなく、日本の精神性、東洋の精神性の影響をヨーロッパが受けた「潮流」なのです。

キリスト教の神とは明らかに異なる自然信仰の豊かさ、キリスト教の神がいる世界とは違う世界での人間の精神生活、自然観がヨーロッパの人たちの心をとらえたのです。「自然というのは人間の支配するべきもので、場合によっては悪魔的存在である」という概念を、ジャポニスム、特に北斎の『富嶽三十六景』が揺さぶりました。特にセザンヌは『サン・ヴィクトワール山』のシリーズで構図も描写力も北斎から学びました。「すべての形が、円筒、円錐、球で還元される」という考え方も、『北斎漫画』から学んだものです。彼の絵画を分析して見ればわかります。

セザンヌのほかに、モネ、ゴッホなど、最先端の画家たちが北斎に代表されるジャポニスムの影響を強く受けたのです。主題が都市から自然に移り、また、神話的なもの、宗教的な作品テーマが自然に移ったということもありますが、それだけではありません。

ジャポニスムの最大の意義は、キリスト教的な神というものに縛られない自然信仰を、初めて西洋世界に伝えたことです。

＊

ジャポニスムがヨーロッパで流行した一八七〇～八〇年代に、哲学者のフリードリヒ・ニーチェは『悦《よろこ》ばしき知識』（一八八二年出版）という著書の中で「神は死んだ」といいました。ニーチェはジャポニスムに接し、その影響があったのかもしれません。

ニーチェの場合、「神は死んだ」といいながら、キリスト教の存在を非常に意識しています。その頃、西洋の多くの知識人たちは、伝統的・キリスト教的な生活に距離を置きはじめています。

しかしそれは宗教心がなくなっているというわけではありません。ヨーロッパの人々が、日本人のような自然信仰、あるいは神道の一部のような形をもちはじめたということなのです。

そうした潮流の中で、自然を神の上に置くという日本の考え方は、広く受け入れられたのだと思われます。それが、ジャポニスムが大流行した要因の一つではないかと考えられます。

ですから、ジャポニスムの影響は、これまでの美術史家が考えているような、彼らの「幻想の日本」ではなく、日本の浮世絵の表現する実体の日本であったのです。単に浮世絵がピカソに影響を与えたとか、日本の版画から平面的な描き方を学んだといった技術的な問題のみならず、神なき世界に重要なのは自然であるということを、日本人が絵画で表現した、感じせしめたという点にあったのです。

参考文献：拙著『［増補］日本の文化 本当は何がすごいのか』（扶桑社文庫）

第三部　明治以降、日本が「近代」欧米にいかに対峙したか

25　明治新政府は古代日本の律令制度に復帰していた！

◉歴史の連続性の中にある日本の「近代」

慶応《けいおう》三（一八六七）年、十五代将軍徳川慶喜《よしのぶ》は、京都二条城で政権を朝廷に返上すると発表しました。大政奉還《たいせいほうかん》です。朝廷は王政復古の大号令を発し、天皇を中心とする新政府をつくることを宣言しました。天皇が政治を行うのは、平安時代以来です。

王政復古からはじまる明治維新の天皇親政の実態は、奈良時代の律令制の復活でした。明治新政府は近代化した西洋の憲法を模倣し、政治システムそのものも西洋の模倣といわれますが、実は基本的に律令制に倣《なら》っているのです。

＊

日本は奈良時代まで、天皇を中心とした中央集権の形をとっていました。地方分権の方向に進んだのは平安時代以降ですが、明治維新の版籍奉還《はんせきほうかん》と廃藩置県《はいはんちけん》で土地をすべて天皇にお返しすることになり、再び中央集権となったわけです。

そのため、改めて中央集権国家としての法律、機構をつくる必要が生じました。そのときに用いられたのが律令制です。

明治初期の行政機構を見れば、そのことは明らかです。太政官《だじょうかん》、神祇官《じんぎかん》といった律令制の二官八省を模し、二官六省制が発足しました。現在の財務省は、以前は大蔵省といいましたが、大蔵省は律令制にある言葉で、文部科学省の前身の文部省も同様です。「省」とつけるのは律令制の二官八省の名残《なごり》なのです。

＊

明治二（一八六九）年には、版籍奉還が行われました。全国の土地（版）と人民（籍）が朝廷に返還されたのです。この頃につくられた主な組織は、輔相《ほしょう》・議定《ぎじょう》・参与などですが、組織に役職の名前が付いているのも、律令制とよく似ています。

明治四（一八七一）年には廃藩置県が行われました。藩にかわって県が置かれたのです。それまで藩の領主に納めていた年貢が、政府に納める税となりました。太政官は正院、左院、右院の三院に分けられ、その下に八省は置かれました。新しい状況に合わせ、民部省から工部省が分離され、刑部省《ぎょうぶ》が司法省へ改組されるなどの改変がありました。

明治五（一八七二）年には、兵部省《ひょうぶ》が陸軍省と海軍省に分かれ、翌明治六（一八七三）年には「徴兵令」が敷かれました。徴兵令は国民皆兵、つまり国民が国を守るという考え方に基づいています。

これに伴い、武士という階級が消滅し、同時に士農工商という階級もなくなりました。その結果、職業の自由な選択が可能になりました。旧公家・大名は華族となり、武士は士族として政府から家禄を与えられました（この制度は明治九年で終わります）。

明治八（一八七五）年になると、左院は元老院《げんろういん》となって立法を、右院は大審院《だいしんいん》となって司法を司ることになり、ここに三権分立のおおよその形ができあがったわけです。府県長官による地方官会議も設置され、新しい国づくりの形が整いました。

この、律令制を模倣してはじまった新しい行政機構は、自由民権運動や憲法制定などにうまく適応していきました。

＊

初めての衆議院選挙が行われ、第一回帝国議会が開かれたのが明治二十三（一八九〇）年です。これに先立って、天皇の名によって教育勅語《ちょくご》が発布されました。「朕惟《ちんおも》フニ我《わ》ガ皇祖皇宗《こうそこうそう》国《くに》ヲ肇《はじ》ムルコト宏遠《こうえん》ニ徳《とく》ヲ樹《た》ツルコト深厚《しんこう》ナリ」（私は、私たちの祖先が、遠大な理想のもとに、道義国家の実現をめざして、日本の国をおはじめになったものと信じます）。

最初の一行で、天皇の存在が国の根幹であることを示し、天皇の存在が日本の伝統の中心であることを明らかにしています。

教育勅語は次に、「国民は父母に孝行し、兄弟は親しみ合い、夫婦は仲むつまじく、友人を信じ合い、つつしみ深く、高ぶってはいけない」といっています。

民衆は広く愛を及ぼし、学問を修め、技術を学び、知識を向上させ、人格を高め、進んで国家社会の利益を拡大し、国家に危急の事態が起こったときには進んで公共のために尽くさなければならない、と国民の道徳的な務めを述べます。

つまり国民にとって、道徳や教育が肝要であるということです。これは聖徳太子の「十七条憲法」に通じるもので、人間の道徳律を何よりも重んじているといえます。

＊

戦後、多くの歴史書が、「明治維新は天皇絶対の帝国主義である」と記してきました。明治維新というと日本の近代化が強調されがちですが、実は律令制が復活していたのです。いまでも天皇がおられるように、日本の原則は長い間培《つちか》われてきた伝統的な力にあることを知らなければなりません。この原則の中で、日本人は自由闊達《かったつ》に生きてきたのです。

そしてこの原則は今日も続いています。戦後アメリカから来た「民主主義」や、旧ソ連から来た「社会主義」の言葉にかき消されて表に出てこなかっただけで、日本の「近代」は以前からの連続性の上に成り立っていたのです。

参考文献：拙著『日本国史——世界最古の国の新しい物語《ヒストリー》』（育鵬社）

26 日露戦争を日本の勝利に導いたユダヤ人の資金がロシア革命も支えていた！

◉戦争を動かすユダヤ人の力

日露戦争に勝利したことは、明治以降の日本の括弧《かっこ》付きの近代化を象徴する出来事かのごとくいわれてきました。確かに日本は明治以降、国力増進と同時に軍事力を強め、世界で五大国になることをめざし、そうした結果を生んだのです。

西欧の植民地化に呼応して軍事力を強める必要性があり、その結果として日露戦争の勝利があったのです。日本はアジアで初めて西欧の勢力に打ち勝ちました。

ここで重要な点は、軍備を強くしたから戦争が起こるわけではない、ということです。戦争をするときには必ず戦費、つまり軍資金を要します。軍備とは別に軍資金が必要なのです。戦争資金というのは、単なる軍備を増強する以上の資金を要するからです。

日露戦争の際には、公債を買ってくれたユダヤ人がいました。軍資金がなければ戦争はできません。現在でも、「中国や韓国が日本を狙《ねら》っているのに軍備が足りない、戦争を仕掛けられるとすぐにやられてしまう」といった恐怖感を抱いている人がいますが、そうではありません。戦争をやるには、それ以上のお金が必要なのです。そしてそのお金があるかどうか、なければ貸す人がいるかどうかです。

日露戦争の際、当時の日銀副総裁・高橋是清《これきよ》（一八五四〜一九三六）が外債募集のために、まずイギリスに渡りました。その二年前に日英同盟が結ばれていますから、イギリスで五百万ポンドの公債を引き受ける人を探しに行ったわけです。そこで、銀行を支配しているユダヤ人のロスチャイルド家に融資を頼みに行きましたが、断られます。

しかしある晩餐会《ばんさん》で出会ったヤコブ・シフ（一八四七〜一九二〇）というユダヤ人が、融資してくれることになったのです。それで一九〇四年五月に、一千万ポンドという巨額な戦時国債を発行することができました。

＊

ロスチャイルド家が拒否した公債を、なぜヤコブ・シフは引き受けたのか？　当時、ロシアはユダヤ人をしばしば弾圧していました。シフはロシアの反ユダヤ（ポグロム）に抗するため、日本を味方にしたかったのです。

のちにシフは高橋に、「融資の理由は、ロシアでは反ユダヤ主義に対する報復をするつもりだったからだ」と語っています。確かに一八八一年と一九〇三年に、ロシアで大規模なポグロム（虐殺《ぎゃくさつ》）が起こっています。ですから、ロシアに対して戦おうとする姿勢を見せる日本を利用したのです。ロシアを倒すためには、どうしても日本を支持する必要があり、そのために日露戦争の戦時外債を五百万ポンド買ったということです。

これは決して日本を支持していたわけではなく、反ポグロムの一環としてロシアに対して戦いを起こすことがシフの目的だったのです。

日露戦争後の一九〇六年、シフは日本政府に招待されて皇居を訪れ、明治天皇より最高勲章の勲一等旭日大綬章《くんいっとうきょくじつだいじゅしょう》を贈られました。それほど、日本にとっては軍事的な援助をしてくれたことが非常に大きな助けになったということです。しかしシフからすればただロシアを打倒したかっただけで、たまたまその力がありそうなのが日本だったということにすぎません。両者の利害が一致したということです。

＊

第一次世界大戦の前後を通じ、世界のほとんどの国々が融資を拡大していた際、シフは帝政ロシアの資金提供を妨害していました。しかし一方で、一九一〇年、ウラジミール・レーニン（一八七〇～一九二四）とレフ・トロツキー（一八七九～一九四〇）に対してそれぞれ二千万ドルの資金を提供しました。つまりレーニンによる共産党政府樹立のためのロシア革命を支援したのが、ユダヤ人のシフだったのです。

もちろん一九一七年のロシア革命の際には、ニューヨークのファースト・ナショナル銀行、ロックフェラーのチェース・マンハッタン、それからＪＰモルガン＆カンパニーもレーニン側に資金を融資しています。つまり、ロシア革命とは、明らかに資本家、金融資本が起こしたといえ、特にユダヤ系の銀行が資金を援助したのです。

共産主義は労働者の革命、つまり民衆の革命といわれています。ところが、そのために資本家からの莫大な支援金を必要としたという矛盾があったのです。つまり、金融資本、あるいは資本家を倒すための革命が金融資本によって援助されていたのです。

日本人は善意にあふれていますから、「ロシア革命が成功したのは、労働者が立ち上がってみんなでお金を少しずつ出し合い、農民たちの協力を得てソビエトをつくった」という考えをする人が多いのですが、そうではありません。こうした考えは特に左翼系の人に多いわけですが、戦争に金を出すことによって儲ける人たちがいたということを認識する必要があります。

日露戦争も、ユダヤ人による融資があったからこそ戦うことができたのです。我々は「日本を助けてくれた」という善意でのみ、シフに感謝するわけですが、それは一面的なことにすぎません。戦争を起こして利益を手にする人たちがいる、という認識をもちましょう。

結局、日露戦争もユダヤ資本家にとってはロシア革命、つまり、労働者革命と同じ意味をもっていたということです。それは何かというと、ロシアを徹底的に潰す、ロマノフ王朝を倒すということです。

我々はもっとユダヤの資本についての認識が必要です。ユダヤ人は国をもたない感覚であるため、革命であろうと戦争であろうと、反ロシアということで一致すれば、お金はどこにでも出したのです。そうした二十世紀の、一つのユダヤ支配について深刻に受けとめる必要があります。

結果として日露戦争において有利になったということは、日本にとっては喜ばしいことですが、その隠れた金融資本のあり方を見ないと、その後の日本の大東亜戦争についても正しく理解することはできないでしょう。

◉ロシア革命はユダヤ人革命だった

イスラエルのモシエ・バルトゥール駐日大使が一九六〇年に着任した際、昭和天皇が「日本人はユダヤ民族に感謝の念を忘れません。かつて我が国はヤコブ・シフ氏に大変お世話になりました」という発言をされたという話があります。

そういう意味では、日本のことをお考えになる天皇のお言葉としては当然でしょう。しかし、その同じ人物がロシア革命とその後のソ連の誕生にも資金提供していたということを忘れてはならないのです。

マルクス主義がインターナショナル（国際的）な色彩を帯びたのは、ディアスポラ（離散）で世界のあらゆるところにいるユダヤ人の存在自体がインターナショナルだからです。

彼らにとって、その「情報網」が武器になり、土着のヨーロッパ人よりマルクス主義のインターナショナルや、グローバリゼーションといった概念をはるかに受け容れやすかったのです。マルクス主義は、ある意味、ユダヤ的思想だともいえるでしょう。

カール・マルクス（一八一八〜一八八三）の共産主義を賞揚していた無政府主義者のミハイル・バクーニン（一八一四〜一八七六）は当初、社会主義インターナショナル（第一インターナショナル：一八六四年創設）に賛同しましたが、反ユダヤ主義の立場から批判に転じました。

バクーニンは、「マルクスの共産主義は中央集権的権力を欲する。国家の中央集権化には中央銀行が欠かせない。このような銀行が存在するところに、人民の労働の上に相場を張っている寄生虫民族ユダヤ人はその存在手段を見出す」と述べました。

反ユダヤ主義的な批判ですが、マルクス主義の本質でもあります。無政府主義を説き権力集中を嫌うバクーニンとしては、対立せざるを得ません。バクーニンは一八七二年にオランダのハーグでの第一インターナショナルの大会でマルクス派に敗れ、追放。さらにロシア革命にまで及ぶ共産主義運動は、インターナショナリズムの理論に負っていたわけで、特にトロツキーなどは「世界革命論」としてその方向性をさらに進めました。

まさにこの考え方が、なぜイギリスなど最も資本主義の進んだ国、資本主義の矛盾が最も顕著《けんちょ》に表れるはずの国や社会で、社会主義革命が起きなかったのか、という問題に関わってくるのです。

＊

結局、資本主義各国の固有の問題に根ざさなければ、社会は改変もできなければ革命もできないことを示しています。

ところが、社会主義インターナショナルは、最初から「万国の労働者よ、団結せよ」と、個々の社会の状況を超えた考え方で運動がなされるため、根づきません。基本的に共産主義はインターナショナリズムですから、イギリスやフランス、ドイツといった各国の固有な問題を解決しながら共産化することは不可能になります。

例外的に成功したのがロシア革命ですが、これも第一次世界大戦があり、明らかにロシア社会が崩壊したことと、ロマノフ王朝一族の処刑があったからです。ロマノフ王朝打倒は、ユダヤ人への「ポグロム（虐殺）」に対する「復讐《ふくしゅう》」としての意味もありました。

ですから、「反帝政ロシア」の蜂起《ほうき》がユダヤ人を中心に起こったのです。レーニンも実は四分の一ユダヤ人の血を引き、トロツキーもレフ・カーメネフ（一八八三～一九三六）もユダヤ人でした。当時のソ連共産党中央委員会の七〇パーセントはユダヤ人だったといいます。一九二二年に書かれた、英国人ヒレア・ベロックの『ユダヤ人』（邦訳・祥伝社）という本に出てくるデータです。ベロックは、「ロシア革命とは、実はユダヤ人革命だった」と明確に書いています。

レーニンはスイスにいた人で、まさに「インターナショナリズム」の考えから革命家の道を進んだのです。そしてその資金を提供したのが、ユダヤ人銀行家ヤコブ・シフでした。

この革命は成功したものの、決してロシア人民のためになったわけではなく、農民から搾取《さくしゅ》していた地主たちをみなシベリア送りにし、その後を共産党員となったユダヤ人が支配したにすぎません。その後のヨシフ・スターリン（一八七九～一九五三）にもユダヤ人の血が流れていたといわれます。

そして独裁者となったスターリンは、人民への抑圧・粛清《しゅくせい》をはじめたのでした。

参考文献：拙著『日本国史——世界最古の国の新しい物語《ヒストリー》』（育鵬社）

27 なぜ「近代」文学者は自殺したのか？

◉死を選ぶ日本の文学者たち

人は文学によって救われたり、文学作品を書くことによって死の悲しみを補ったりすることができます。つまり、人生におけるさまざまな深刻な状況を、文章で補っていくことができるのが文学者です。

ですから、「死」は常に文学のテーマとなるわけで、文学者が直接的に自ら死を選び、自殺行為に及ぶということはないようにも思われます。

ではなぜ、芥川龍《あくたがわりゅう》之《の》介《すけ》（一八九二～一九二七）、太宰治《だざいおさむ》（一九〇九～一九四八）、三《み》島《しま》由《ゆ》紀《き》夫《お》（一九二五～一九七〇）、そして川端康成《かわばたやすなり》（一八九九～一九七二）といった、日本を代表するといってもよい文学者は、自殺したのでしょう。

ドストエフスキー（一八二一～一八八一）やトルストイ（一八二八～一九一〇）、バルザック（一七九九〜一八五〇）も、同じように近代文学を書き、死というものを文学上の大テーマにしていますがいずれも自殺はしていません。しかし、日本の文学者、あるいは評論家には江藤淳《えとうじゅん》（一九三二〜一九九九）や最近では西部邁《にしべすすむ》（一九三九〜二〇一八）など自殺してしまう人が多いのです。

特に昭和になって自殺者が多くなります。一人や二人であれば病気や女性関係、あるいは家庭問題を苦にして……等がありうることは理解できますが、立て続けに自殺するということは、やはり当時の日本の特殊な状況があると私は見ています。

＊

学問も文学も、西洋から発せられ日本人に課せられたさまざまな条件があります。たとえばフランス文学は十九世紀に花咲きました。スタンダール（一七八三〜一八四二）、バルザック、あるいはフローベール（一八二一〜一八八〇）、プルースト（一八七一〜一九二二）に至る西洋文学の歴史があります。ダンテ（一二六五〜一三二一）の『神曲』からはじまったイタリア文学、ドイツではゲーテ（一七四九〜一八三二）を中心としたロマン主義など、さまざまなヨーロッパの文学が明治以降、日本にどっと流入してきました。

それよって、日本人は西洋特有の文学、西洋人特有の表現を受け入れていき、当時の森《もり》鷗外《おうがい》（一八六二〜一九二二）などの文学者、文学志向の人たちが留学します。もちろん夏《なつ》目漱石《めそうせき》（一八六七〜一九一六）や鷗外のように大学の教員や軍医などとしての立場がない人は、留学というよりも、永井荷風《ながいかふう》（一八七九〜一九五九）のように旅行を試みて西洋とは何かを考えたのです。それが二葉亭四迷《ふたばていしめい》（一八六四〜一九〇九）以降の自然主義文学からはじまる、日本の文学者の立場でした。

やはりそこでは一種の西洋コンプレックスから西洋を学ぶ、ということがあったわけですが、そのために自殺という行為に及ぶことは悲劇的です。文学は精神のぎりぎりまで思考する、あるいは、それを表現しようとする一つのジャンルですから、一般の人々が西洋に行っていろいろなことを学んでくる以上の精神的な葛藤があります。

それと同時に重要なのは、文学そのものです。日本は一八六八年に明治になって以後、西欧に行くことができるようになり、十九世紀に花開いた西洋文学を知ることになりました。

それからさらに自分たちの文学をつくろうという動きが、明治の終わり頃から大正、そして昭和に及ぶ時期、つまり一八九〇年頃から一九五〇年、あるいは一九六〇年から三島の死の一九七〇年という時期に、ちょうどかかっていたのです。

＊

その時期が問題で、実は西欧ではもう文学を含め、芸術全体が衰退していく時期だったのです。あるいは文学者のすべてのスタイル、思想、文体がほぼ出尽くしてしまった時期です。十九世紀というのはそういう時代でした。一九〇〇年前後には世紀末思想が生まれていました。十九世紀が終わる時期が「世紀末」といい、ちょうど文学の終末、大文学が終わっていく時期でした。ちょうどその時期に、漱石や鷗外が渡欧したのです。

三島は留学していませんが、世紀末から二十世紀の西欧と文学者とのつき合い、ある種の精神的交流があって、その文学作品も書かれたわけです。

ですから、西洋文学を取り込んだ日本の文学者は、西洋文学の成果を原文にしろ翻訳にしろ読んでいます。それに対して新しい文学、それ以上の文学をつくろうとしたとき、やはり日本的なものに戻る必要がありました。

漱石も、個人主義をある意味放棄しようとしました。そして、西洋的個人主義とは対極の概念、自分というものを去って天につく「則天去私《そくてんきょし》」という概念が、漱石からさえも生まれてきたのです。

その一方で、彼らが求めた日本的なものがすでに多くが失われているということもあったのです。

西洋の文化が入ってきて、近代化した日本になってくると、江戸時代まであった伝統社会が変化し、廃《すた》れていきました。漱石は自殺はしませんでしたが結果的には神経を病み、病気の中で五十にもならずに死ぬという、自殺に向かうような生き方をしました。

乃木《のぎ》大将（乃木希典《まれすけ》：一八四九〜一九一二）は明治天皇に殉死《じゅんし》しましたが、このとき漱石はそれに対して非常に感応し、殉死したい気持ちを『こころ』で反映させています。

◉日本の知識人に必要な、西欧的強迫観念からの脱却

漱石は東大の英文科出身でしたが、自殺した多くの文学者が東大出身者でした。漱石門下の芥川も英文科、太宰治が仏文科、川端は国文科、そして三島は法学部です。東大は知の最先端、つまりいうなれば横文字を縦にする最初の人たちでもありました。彼らは日本

で一番西洋文学を読む人たちでもありました。

そういう人たちはなんとか日本の最先端の文学をつくっていこうとしたわけで、それだけの知力と教養もありました。一種のエリート文学者です。

そのエリート文学者がなぜ自殺するかというと、彼らもまた西洋の二つの面、一つはすでに書かれてある大文学を日本では決してできない、つまり、個人主義がない日本人、あるいはキリスト教やギリシア思想、近代のカントやヘーゲルたちの思想を身につけることができない日本人＝自分に気づいたからです。

そうすると、近代文学である西洋の文学を継ぐこともできない自分というものにたどり着き、敏感であればあるほど、自分の立場が不安定になったのです。あるいは憂鬱《ゆううつ》になり、死を選ぶ傾向に陥るのです。

太宰には女性問題、三島には戦後の日本問題、それまでの天皇を中心とした日本というものが失われていくことに対する失望がありました。評論家の江藤淳や西部邁も、やはり欧米文化を強く意識しながら自己の立場を主張しようとしていました。江藤の場合は妻の死が影響を与えているといわれ、必ずしも文学的な死とはされませんでしたが、しかし同じように自らの批評に対する断念がなければ、死まで追い込まれないはずです。

というのは、文学者あるいは評論家、学者は、「書く」ことによって自分の感性、意識、主張を表現することができます。しかし死によってそれさえも捨ててしまうことは、それを超える絶望があるということです。

文学者の場合は、文学表現の無意味さの自覚です。プルーストやカフカ以後は、そこに新しい表現が生まれない。あらゆる芸術表現が衰退していく過程を感じるのです。これは音楽も美術もそうです。

外から見るとあたかも文学が書き続けられているかに見えますが、その内容たるや、ほとんど昔の文学や詩の内容の部分的な模倣にすぎません。そういうことを深く考えれば考えるほど、自分が表現するものはなくなっていくのです。だからこそ、それを生きるためのよすがとし、また職業としている文学者が、自己の生命を絶っていくのです。

特に川端康成は、昭和四十三（一九六八）年にノーベル文学賞まで受賞した小説です。それ以後は、講演でもしながら悠々と生きていくこともできたでしょう。なぜそうできないかというと、小説家というものは、常に小説を書いていかなくてはならないからです。

書くことを持続することが必要で、それが彼の選んだ職業でもあったのです。

しかし、目をかけていた三島由紀夫が文学を捨てて政治的な死を遂げたため、自分が文学を続けていくことの情熱を失ってしまった。つまり、文学全体に対する絶望感、文学そのものの死の意識があったにちがいないのです。

＊

川端康成は老齢でしたから、近い将来の死が見えていたはずですが、やはり自ら小説をやめる、つまり小説にかける自分の意思を表明するために自死を選んだ。

西欧文学を真似できないどころか、日本文学という視点からも、新しい創造性が不可能だという状況に耐えられなかったことです。世紀末以降の西欧文学が衰退していき、芸術全体が衰退し創造性が喪失していく時期だった。そこに、日本人の誠実なる文学者の絶望を強調しなくてはならないのです。

日本の近代化、西洋化とはどういうものであったのかに対する彼らの解答が死であったといえるでしょう。つまり日本人は、西洋とは違う文脈で生きていくことに自信をもっていなかった点です。

日本に確固としてあるものを信じることによってしか創造力は生まれない。日本の歴史や文化を探ると、現代まで続いているものがたくさんあります。それを再発見して、もう一度取り戻していくことが、知識人が生きていくためには重要なことだったのです。自死というこれ以上重い行為のないことを、文学者が行っていくことの反省は、そうした運命をどのように克服していくかにかかっています。それが、これからの日本の知識人のあり方を決めるのです。

そのためにも歴史をもう一度見直し、日本というものの新しい歴史観を構築していくことが重要です。日本の歴史観をどうつくるかによって、西欧のキリスト教や近代史観に含まれている異質なものを見分け、その誤りを突いていかねばならないのです。

つまり、一神教や「近代は進歩しなくてはいけない」ということに疑問を呈していかねばなりません。こうした西欧特有の強迫観念を捨てていくことが、日本の文学者、知識人には必要なのです。

参考文献：拙著『日本人を肯定する――近代保守の死』（勉誠出版）

28 フランクリン・ルーズベルトによって引き込まれた日米戦の真実とは？

◉「敗戦」ではなく「終戦」

昭和十五（一九四〇）年、日本はアジアにおける日本の立場を有利にするために、日独防共協定にイタリアを加えた日独伊三国軍事同盟を締結しました。イギリス、アメリカなどと対立関係になっていった当然の帰結です。

昭和十六（一九四一）年にはソ連との間に日ソ中立条約を結び、アメリカと対立する方向に向かいました。米・英・中・蘭の四国はまさに日本を追い込む包囲網（ＡＢＣＤ包囲網）を形成したのです。同年、日本の陸・海軍はヴェトナムのサイゴンに入りました。ここが日本の南進の拠点となりました。それに対し、アメリカは在米日本資産を凍結し、対日石油輸出を全面禁止して対抗してきました。経済封鎖をしかけてきたのです。

八月、米英は大西洋憲章なるものをうたって、日本の進出を牽制《けんせい》してきました。日本は必死になってワシントンでアメリカと交渉しましたが、進展は見られなかったのです。

当然です。その頃のアメリカは決して平常な状態ではなかったのです。

失業者が多く、労働運動も激しく、フランクリン・ルーズベルト（一八八二～一九四五）大統領自身がソ連に好意的で、それを抑える手段を知らなかったのです。景気回復策のニューディール政策は社会主義的な性格を帯びていました。景気回復もできず、人々の不満も大きく、アメリカ自身が戦争によってそれらを解決しなくてはならない状況にあったのです。

しかし国民には、「他国の戦争に介入する意志はない」と約束して選挙で勝ってきたので、いかにして日本に最初に戦争をしかけさせるか、秘かに戦略を構想していたのです。

ルーズベルトは、日本を戦争に引きずり込むことによって、日本を社会主義化しようとしていました。ルーズベルト自身、アメリカの指導者でありながら隠れ社会主義者だったことを見抜かねばなりません。

その戦略を担ったのが、ＯＣＩ（Office of the Coordinator of Information：情報調査局）というスパイ組織です。一九四一年につくられたＯＣＩは、アメリカにあった日本人に対する人種的な差別感と日本に対する反感をうまく利用しながら、日本を挑発しました。

昭和十六（一九四一）年十一月には、日本軍の中国・インドシナからの無条件撤退などを要求する国務長官の提案（ハル・ノート）がつきつけられました。これを書いたのが、ソ連のスパイであったハリー・D・ホワイト（一八九二～一九四八）で、最初から「絶対のめない」案をつくり、日本に「最初の一発を撃たせる」（ルーズベルト大統領）ためのものだったのです。

同年十二月八日、日本海軍はアメリカ領ハワイの真珠湾攻撃を行いました。行ったというより、引き込まれたといったほうがよいでしょう。アメリカの世論はルーズベルトの目論見《もくろみ》どおり、「日本は卑怯《ひきょう》なことをする」と沸騰《ふっとう》しました。ＯＣＩの戦略に見事にはまってしまったのです。その後ＯＣＩは一九四二年に、ＯＳＳ（Office of Strategic Services：戦略諜報局）とＯＷＩ（United States Office of War Information：戦争情報局）に分かれます。特にＯＳＳは、戦中そして戦後の日本に「負の影響」をもたらしました。

最近の研究により、日本自身も併合していた北朝鮮の興南で原爆実験に成功していたことがわかってきました。その実験成功は、八月十二日のことで、この成功が一カ月早かったら、あるいはアメリカの広島、長崎投下が回避されたかもしれません。この米軍による広島、長崎への原爆の投下により、両都市あわせて二十数万人の人々の命が失われました。

それ以前の十万人以上も死亡した東京大空襲とともに、日本は大打撃を受けましたが、しかし天皇はご無事でしたし、政府も安泰だったのです。つまり大空襲や原爆投下にかかわらず、国体が守られていたことを決して忘れてはいけません。

戦後十年以上にわたって「敗戦」感情が植え付けられ、日本人は「敗戦」したと思わされていたのです。

ドイツと異なり、元首の天皇はそのままで、国体も維持されました。国民は、すぐさま昭和天皇が「玉音放送《ぎょくおん》」でいわれたように「総力を挙げて将来の建設」に取り組みはじめたのです。そこには「敗戦」はなく、「終戦」があったのです。次でくわしく述べる「OSS日本計画」の発見は、そのことを証言していたのです。

参考文献：拙著『戦後日本を狂わせたOSS「日本計画」——二段階革命理論と憲法』（展転社）

29

戦後日本を左翼化させたOSS日本計画とは？

◉日本の社会主義化を目論んだアメリカ

アメリカにはかつて、ＯＳＳ（戦略諜報局）という機関がありました。ＣＩＡ（Central Intelligence Agency：中央情報局）の前身、といえばわかりやすいでしょう。

戦後間もない日本はＧＨＱ（General Headquarters, the Supreme Commander for the Allied Powers：連合国軍最高司令官総司令部）による占領政策と、このＯＳＳによって牛耳られていました。ＯＳＳは共産主義を推進し、「世界の社会主義化」の方向に動かそうとしていました。戦後それに代わるＣＩＡは反共となりました。完全に方向転換したわけです。このＯＳＳについては、アメリカで「インテリジェンス専門家」と称する人たちも、無視し続けています。

このＯＳＳの活動抜きにして、日本の戦後は語れないのです。というのは、このＯＳＳ

こそ、ソ連（コミンテルン）と連動して世界を「社会主義化」しようとしていたからです。東欧諸国の社会主義化に成功したＯＳＳは、それ以外の世界を混乱させ社会主義化しようと狙ったのです。その格好のターゲットが敗戦したドイツであり、日本だったのです。

＊

一九四一年七月、日本がアメリカに真珠湾攻撃をする以前に、ＯＳＳの前身であるＯＣＩ（情報調査局）が発足していました。戦争で日独をいかに破り、社会主義化させるかを研究した組織で、フランクリン・ルーズベルトが創設したものです。

ルーズベルトは戦後、アメリカの民主主義の具現者のようにいわれていますが、実際はソ連を礼賛した社会主義者だったのです。そのためソ連のヨシフ・スターリンとも近く、ソ連がナチスドイツと互角に戦えたのは、ルーズベルトがスターリンに武器を供与したからなのです。

毛沢東（一八九三〜一九七六）を支援したのもＯＳＳです。毛沢東が延安《えんあん》に入ったとき、日本共産党幹部の野坂参三《のさかさんぞう》（一八九二〜一九九三）もＯＳＳ計画に従って延安で活動していました。実はＯＳＳは中国を、毛沢東を中心とした社会主義国に、そして日本を、野坂参三を中心とした社会主義国に変えようとしていたのです。

このことはＯＳＳ計画の推移から明らかになっています。その経緯を調べると、この計画に従って延安で動いていた野坂参三は昭和二十一（一九四六）年一月に延安から帰国。本来は「社会主義宣言」をしたかったのですが果たせず、昭和二十二（一九四七）年の二・一ストライキに期待をかけます。しかしＧＨＱとダグラス・マッカーサー（一八八〇～一九六四）が方向転換をしていました。ゼネスト中止指令を発し、その動きを阻止したのです。大統領がすでにハリー・トルーマン（一八八四～一九七二）に替わり、「ＯＳＳ日本計画」は挫折したのです。戦後すぐにＯＳＳは解散させられていました。

＊

しかし戦後、日本ではＯＳＳの影響が強く残り、チャールズ・ケーディス（一九〇六～一九九六）を中心としたＧＨＱ民政局が「革命勢力」の核となり、日本国憲法制定に動いたのです。その経緯からＧＨＱが草案を作成した日本国憲法は、「二段階革命」を意図した「社会主義憲法」だったと見なすことができます。表向きは社会主義国になりませんでしたが、裏では「社会主義化」がすすめられていました。

このことはこれまで、戦後史研究からいっさい無視されてきました。私が著した『戦後日本を狂わせた「ＯＳＳ日本計画」』（二〇一一年刊・展転社）は多く読まれましたが、左翼側の無知にあって大事な事実が閑却《かんきゃく》に付されています。それだけ彼らにとっても都合の悪い「歴史」だったといえるのです。

私は歴史家として、戦前から戦後までの「左翼化」「社会主義化」を重要視しています。というのは、そうしたことに着目しなければ、なぜ日本国憲法がこのようなものになったのか、つながらないからです。財閥解体から農地解放、神道指令など一連の占領政策がそれに符合するものであったか説明できないからです。

そもそも「ＯＳＳ日本計画」は、ＯＳＳが発足した一九四二年段階から「天皇を断罪しない、象徴として残す」という方針を決めていました。天皇を戦争責任者として問わないことはマッカーサーやＧＨＱが決めていたわけではなく、この時点で決められていたのです。同年にマッカーサーも承知していた手紙も残されています。はじめから日本を「無条件降伏」させるつもりはなかったのです。

確かに、その後、憲法の制定、神道指令、公職追放、財閥解体、農地改革など、日本の過去を否定する諸改革が、二年ほどの間で次々に行われました。OSSは戦後すぐ解散しましたが、その方針だけはGHQに伝えられたのです。コートニー・ホイットニー（一八九七～一九六九）が率いる第二民政局が、それらの采配をふるいました。

◉アメリカ占領時代の呪いに支配されている日本

天皇が守られたことと、政府はそのまま継続していたこと、アメリカが日本本土に上陸しなかったことは事実として重要なことです。沖縄などを除いて、日本の本土で一度も地上戦がなかったことは記憶されなければなりません。

確かに大東亜戦争末期、本土は激しい爆弾攻撃を受けました。しかし、本土では地上戦がなかったために、本当の占領にはならなかったのです。

本土上陸によってさまざまな文化遺産を焼かれてしまうようなこともなかったために、過去の日本と現在の日本が断絶することはありませんでした。人々の生活は、明治時代以前から同じように続いていて、それは今日まで続いている感覚が残されたのです。

特に京都と奈良が爆撃を受けなかったのが大きかった。つまり日本の文化も政府も守られたのです。これはドイツと決定的に異なることでした。ドイツでは政府が完全に崩壊し、地上戦で多くの文化遺産が破壊されたのです。

＊

戦後、日本は立ち直ったものの、今述べた公職追放、財閥解体などでわかるように、戦前の有力な知識人たちはことごとく追放され、人事が替わりました。

その代わりとして、大学や官庁などの主要なポストが、「民主主義」と称する左翼リベラルの人々にほとんど占められてしまったのです。これにより知的世界で左翼が根づいてしまいました。その思想的影響は現代にも及んでいます。

社会主義国では共産党独裁であったため、これを批判したり、反対した人々が多く殺されました。日本でもその全体主義的思想が批判されないまま、日本の新聞・テレビなどのマスメディアを支配している傾向があります。

ＯＳＳとＧＨＱの戦後改革で、日本人は精神的転換を迫られたのです。彼らの言論統制は実に徹底的に行われました。欧米の影響の強さは戦前以上に大きくなり、民主主義の名のもとに教え込まれ、「平等、権利、個人主義」といったイデオロギーが混入されました。

これらは一見、正しいように見えますが、言葉だけの問題で、もともと日本にあった伝統社会、日本での「和」の社会を崩壊させる意図があったのです。特にそれがはなはだしかったのが教育界です。日教組をはじめ、社会主義的な教育学界がそれを主導しました。

また、キリスト教を普及させようとし、戦後、キリスト教にもとづく大学が多くつくられましたが、普及にいたったとはいえません。戦後十数年は、ストやデモが頻発しましたが、労働運動が活発だったのも、社会主義のイデオロギーがもたらしたのです。ソ連や中国、北朝鮮の実情も伝えられず、いたずらに理想化されていき、知識人も、一斉に近代主義、社会主義の影響下にある言論を流布していったのです。

特に大学の左翼化は著しく、一部の人文学科では、共産党員でないと就職できないという状況さえ現出してしまいました。そこで教育されると、思考パターンも、言動も、左翼化せざるをえません。急激に「革命」を起こすのではなく、段階を踏んでその方向にもっていこうとしたのです。

戦後生まれの日本人は、その方向の教育の影響を強く受けざるをえなかったのです。「団塊の世代」といわれる人々の多くがその被害者でした。しかし、一般社会では、こうした戦後改革は、日本に合わせた形で吸収されていったことも事実だったのです。

日本の共同体も、戦後は国家から企業体や同業者団体になり、消えることはありませんでした。アメリカの先導により、個人主義や権利の主張が盛んになりましたが、それも、少数の知識人の層だけで、個人は共同体の中で生かされるという形は戦前と変わっていません。

このことは経済だけではなく、政治も思想もそうでした。

国際政治では新たに国際連合ができましたが、戦後四十年はアメリカを中心とする自由主義陣営とソ連を中心とする社会主義陣営が対立し、冷戦が続きました。しかし、社会主義陣営は徐々に弱体化していき、ついに崩壊したのです。そのことを重く受けとめなければなりません。そういう意味で、我々は現代もＯＳＳの呪縛から脱することができていないといえるでしょう。

参考文献：拙著『戦後日本を狂わせたＯＳＳ「日本計画」――二段階革命理論と憲法』（展転社）

30 日本の「戦後民主主義」という社会主義思想を断て！

◉批判するだけの思想に未来はない

戦後、日本は「民主主義」の名のもとに社会主義的傾向の強い教育を教え込まれました。しかしその社会主義教育は、昭和四十三（一九六八）年の大学紛争のあと、やや様相を変えました。労働者の革命運動が成功しなかったため中間階級層の変革にターゲットを変えたのです。それが一般的には知られていない、フランクフルト学派の理論の実体です。

その左翼運動の基本は、イデオロギー的にはフランクフルト学派の運動といえるでしょう。あるアメリカの評論家は、「アメリカは戦後、完全にフランクフルト学派によって駄目に洗脳されてしまった」と指摘しています。

フランクフルト学派とは、一九三〇年代以降にドイツのフランクフルト大学と同大学社会研究所に所属するテオドール・アドルノ（一九〇三〜一九六九）、マックス・ホルクハイマー（一八九五～一九七三）、ヘルベルト・マルクーゼ（一八九八～一九七九）らを中心に既成体制を根底から革新する目的で結成されました。

彼らは、社会主義による階級闘争を説いたドイツの思想家カール・マルクスを重視するかつての方向をやめて、人間には根源的にリビドー（破壊的活動）や死への衝動があると説いたオーストリアの精神分析学者ジークムント・フロイト（一八五六～一九三九）の思想を取り入れ、マルクスのそれを統合した、独自の「批判理論」を構築したのです。

ターゲットを、サラリーマン化した労働者階級ではなく、学生やインテリなど、人口の多数を占める中間層を、社会批判に駆り立てたのです。

＊

そのきっかけは一九六八年のパリの「五月革命」でした。世論をリードするメディアを占領し、権威、権力批判を中心に置いて「権力は悪い」「伝統と文化を捨ててしまえ」と扇動し、伝統社会を攻撃する「批判理論」を展開しようとしたのです。

つまりフランクフルト学派は、正常な社会を解体しようとするイデオロギーをもった文化運動でした。フロイト理論を使い、「人間はみな心理的、社会的に不幸だ」という考え方です。家族の中には父と子の相克、オイディプス・コンプレックスがあり、また家父長制によって抑圧されており、それでもともと人間はみんな不幸だと論じています。

これは実はユダヤ人独特の考えもあります。ナチによってユダヤ人が抑圧され、戦後そのような人種偏見は古い道徳、古い伝統の影響だったというのです。マルクスやフロイトの理論を使いながらナチズムの批判を行おうとした結果生まれた理論です。提唱者のアドルノもホルクハイマーもユダヤ人でした。

マルクス主義は、ほとんどユダヤ人がつくりあげたものです。国家をもたない彼らは家族や国家を否定します。フェミニズム、ジェンダーフリーも男女共同参画法も少数者が申し立てをすることを推進したフランクフルト学派の運動の一端です。そこには国家観がないのは当然です。彼らにははじめから国家はないからです。

＊

日本はもともと彼らの考え方とまったく相反しています。日本は島国ですから、そこにいるだけで国家に守られていると感じています。家の中にいる安心感——それは家に入るとき靴を脱ぐ習慣にも表れています。

しかし、もしその人に国家観がないとすれば、それは完全にイデオロギーで攻撃されていることになります。

日本にも、このフランクフルト学派の考えが入り込みました。かつての丸山眞男《まさお》（一九一四～一九九六）も同じ考えです。丸山は日本に「民主主義」がないと難じました。こうした日本史の現代史の傾向は強く、「学問は『批判』が第一である」というのです。マルクス主義的という言葉が「批判」の前についています。「それこそが歴史を学ぶ根底だ」と在職していた東大で教えていたのです。

「批判」がまず大事だなどということは、意味のないことです。すべては実態があって、その分析が大事です。実態があるからこそ歴史が理解できるので、「まずは批判」などという考え方で歴史に向かうことなどできません。

実態を肯定して分析する歴史を教えないまま批判を最初に行うため、奇妙な歴史観が生まれてくるのです。

＊

フランクフルト学派はそうした「批判理論」です。「批判理論」をフランス語でいうと、

「コンテスタシオン・ペルマナント」（Contestation Permanente：継続的異議申し立て）で、フランスで五月革命（一九六八年五月）のときに使われました。

「何でもいいから常に言い立てろ、常に批判しろ」というのです。小さな問題であろうとセクハラ問題であろうと、批判できれば何でもいい、というのが「批判理論」といっていいでしょう。

政治では、かつての社会党、民主党、民進党、今の立憲民主党は、すべてこの方法で、批判ばかりで何も提案しません。具体的提案はなくてもいい。批判してただ社会を崩壊させればいいのです。「崩壊させて革命が起こればいい」と思っているわけです。

もっと悪いのは、彼らはその革命についても、ある意味で絶望していることです。レーニンとともにロシア革命を指導したトロツキーは、「永久革命」といいました。幸福になるために革命を起こすのに、最初から「永久革命」なのですから、幸せを手に入れても永遠に革命を起こしたいわけです。これはまさに毛沢東がすすめた「文化大革命」の理論でもあったのです。

革命が実現不可能だと考えたあとの「理論」なのです。もっともらしい「批判理論」の空虚さを見抜かねばなりません。

こうした理論の実体の貧困さを見て取るべきなのです。

彼らの発言はあたかも大多数派の様相を見せてマスメディアを賑《にぎ》わせていますが、その支持するものは社会の少数派です。伝統と文化を否定することに主力を置き、美術や芸術を否定する――それが戦後の文化運動の現実なのです。我々はそのような社会運動に動かされてはならないのです。

参考文献：拙著『戦後日本を狂わせたＯＳＳ「日本計画」――二段階革命理論と憲法』（展転社）、『日本人にリベラリズムは必要ない。――リベラルという破壊思想』（ビジネス社）

【著者略歴】
田中英道（たなか・ひでみち）
昭和17（1942）年東京生まれ。東京大学文学部仏文科、美術史学科卒。ストラスブール大学に留学しドクトラ（博士号）取得。文学博士。東北大学名誉教授。フランス、イタリア美術史研究の第一人者として活躍する一方、日本美術の世界的価値に着目し、精力的な研究を展開している。また日本独自の文化・歴史の重要性を提唱し、日本国史学会の代表を務める。著書に『日本美術全史』（講談社）、『日本の歴史 本当は何がすごいのか』『日本の文化 本当は何がすごいのか』『世界史の中の日本 本当は何がすごいのか』『世界文化遺産から読み解く世界史』『日本の宗教 本当は何がすごいのか』『日本史５つの法則』『日本の戦争 何が真実なのか』『聖徳太子 本当は何がすごいのか』『日本の美仏50選』『葛飾北斎 本当は何がすごいのか』『日本国史』『日本が世界で輝く時代』（いずれも育鵬社）などがある。

ユダヤ人埴輪があった！
——日本史を変える30の新発見

発行日　2019年12月10日　初版第１刷発行
　　　　2023年４月10日　　　第５刷発行

著　者　田中英道
発行者　小池英彦
発行所　株式会社　育鵬社
　　　　〒105-0023　東京都港区芝浦1-1-1　浜松町ビルディング
　　　　電話03-6368-8899（編集）　http://www.ikuhosha.co.jp/
　　　　株式会社　扶桑社
　　　　〒105-8070　東京都港区芝浦1-1-1　浜松町ビルディング
　　　　電話03-6368-8891（郵便室）
発　売　株式会社　扶桑社
　　　　〒105-8070　東京都港区芝浦1-1-1　浜松町ビルディング
　　　　（電話番号は同上）
本文組版　株式会社　明昌堂
印刷・製本　サンケイ総合印刷株式会社

ISBN 978-4-594-08301-4

本書のご感想を育鵬社宛てにお手紙、Eメールでお寄せください。
Eメールアドレス　info@ikuhosha.co.jp